Eurus

Notus

内藤正典
Masanori Naito

トルコ

建国一〇〇年の自画像

Boreas

Zephyrus

岩波新書
1986

はじめに――トルコの「表の顔」

トルコという国と四〇年近くも付き合ってきて思うことがある。この国は、外から「裏の顔」「もう一つの顔」「政権の思惑」が語られることが多いのである。もちろん、それらはネガティブな意味合いを含んでいる。過去二〇年、公正・発展党(AKP: Adalet ve Kalkınma Partisi)政権が成立してから、この傾向は強まった。二〇〇三年に首相の座につき、二〇一四年からは大統領を務めるレジェップ・タイイプ・エルドアンが、この政権の「顔」となる人物である。彼は二〇二三年の大統領選を制し、さらに五年間、大統領を務めることになった。

公正・発展党は、二〇〇二年一一月三日の総選挙で勝利して単独与党になった。長らく、いくつもの政党が連立を組んでは政権が崩壊することを繰り返した一九八〇年代以降、初めて、安定多数をもつ与党が誕生したのである。

世俗国家

本書で詳しく見ていくが、トルコという国の「表の顔」は、世俗国家であり、政治のみならず、公的な領域でイスラムを可視化させることは難しかった。だが、ムスリムが多数を占めるこの国では、その世俗主義に対して、何度も「イスラムを可視化させる挑戦」がなされてきた。その挑戦は憲法原則の前に挫折を余儀なくされた。二〇〇二年に成立した公正・発展党政権は、伝統的な国家の「表の顔」とムスリム国民にとっての「表の顔」を統合することで、新たなトルコ国家の自画像を描こうとしたのである。

イスラム国家になったわけでもないし、既存の法体系をシャリーア(イスラムの法体系)に置き換えたわけでもない。いまでも、トルコの法の体系は世俗法である。しかし、内政と外交において、ムスリムから見ればすぐに「イスラム的価値」だとわかる要素を散りばめることで、新たな自画像を描こうとした。このことは、トルコ共和国の歴史において画期的なことであると同時に、体制的な「表の顔」を支持する勢力とのあいだで激しい対立を引き起こした。

国家、国土、国民の「不可分の一体性」

トルコの「表の顔」を構成するもう一つの重要な要素は国家、国土、国民の「不可分の一体性」である。建国に至る困難な独立戦争の記憶は、二度と、国家、国土、国民が分割されるようなことがあってはならないという強い決意として憲法の条文に記されている。しかも、この条文は、世俗主義と並んで、改正はもちろん、改正の発議も禁じられている。

この「表の顔」に挑戦してきたもう一つの主体が、民族的マイノリティであった。なかでもクルド人の位置づけをめぐる問題は、何万人という血が流される深刻な事態をもたらした。ただし、そこまで犠牲者を出したのは一九九〇年代までのことであって、二〇〇〇年代以降、公正・発展党政権が発足してから、クルドをめぐる対立はかなりの程度まで緩和された。

現在は、それまでのように、存在を否定されることはなく、クルド語の使用もクルド政党の活動も可能である。他方、国土と国民の不可分の一体性を毀損《きそん》する行動に対して、トルコ国家は一切妥協しない。問題の根源は、歴史的に、民族も宗教・宗派も多様性をもっていたこの地域に、国境線を引いて国民国家を創出したことにある。しかし、その国境線は、トルコ共和国が自ら引いたものではない。建国期にイギリスやフランスが、前身のオスマン帝国を解体し、統治する際に引いた境界線なのである。今日、一〇〇年前のことはきれいに忘れて、民族問題を抱える国に責任を負わせようとするのはフェアな姿勢ではない。

「表の顔」とトルコ外交

現在の公正・発展党政権下での外交での「表の顔」もまた、西欧世界ではなかなか評価されない。すでに一〇年以上が経過したシリア内戦で、最も多くの難民を受け入れたのはトルコである。その数は一時、四〇〇万人に達した。その中にはクルド人も多数含まれている。それだけではない。アフガニスタン、イラク、イランなどからも難民や非正規移民が流入し、滞留している。トルコはなぜ国境管理を厳格にしなかったのか。一言で言えば、エルドアン政権は、命の危険から逃れてくる人びとを無下に追い返すことがイスラム的道徳に反すると考えていたのである。このままではトルコがトルコ人の国ではなくなってしまうとして難民の送還を求めた世俗主義の野党に対して、不道徳だと一蹴したのはエルドアン自身だった。

二〇一五年には、一年で一〇〇万人を超える人びと(多くはシリア難民)が、エーゲ海を密航し、ギリシャに渡った。そこからバルカン半島を陸路で進み、北マケドニア、セルビア、ハンガリー、クロアチア、スロベニア、オーストリアを経てドイツに向かった。これが、ヨーロッパに難民危機を引き起こし、各国で排外主義が台頭した。EU(ヨーロッパ連合)諸国は、一斉に、トルコの国境管理の甘さを非難した。エルドアン大統領は、トルコには数倍の難民がいることを指摘したうえで、「EU二八か国(当時はイギリスも加盟国)が束になって、一〇〇万人の難民を受け入れられないのか? それなら、なぜシリア内戦を放置したのだ?」と反論した。

それだけではない。パレスチナ問題では、ガザを支援する姿勢を変えなかった。二〇〇九年のダヴォス会議では、イスラエルのシモン・ペレス大統領に向かって「あなたは人殺しの仕方をよくご存じだ。あなた方がガザの浜辺にいた子どもをどうやって殺したか、どうやって撃ったか、私はよく知っている」と言い放った。弱者への不正を許さない姿勢は、イスラムの倫理から来るものである。パレスチナに対するイスラエルの非道を批判する人なら世界中にいくらでもいる。しかし、イスラエルの国家元首に面と向かって「子ども殺し」と言ったリーダーはエルドアン以外にはいない。共和国の「表の顔」である世俗主義を否定することなく、外交において「イスラム」を「表の顔」に加えたのである。

ロシアのウクライナ侵攻への対応

この姿勢は、相手がムスリムでなくても発揮される。トルコではロシアによるウクライナ侵攻後、一貫してウクライナに対するシンパシーが強い。ロシアによる侵略の被害を受けたことへのシンパシーと、国を守ろうとする国民の意思に対する支持である。トルコ国家が絶対に守ろうとする国土と国民の「不可分の一体性」は、他国に対しても尊重する。トルコ国民は、自分たちが建国期に味わった苦難をウクライナの現状に重ね合わせている。これもまた、トルコの「表の顔」である。

アメリカは、自由と民主主義という普遍的価値と専制主義の闘いだと主張してきたが、トルコ人は、こういう価値に共鳴してウクライナに好感を抱いているのではない。トルコ人の多くは、自由と民主主義の価値を重視してはいるが、その価値でトルコ国家の「不可分の一体性」を守れるとは考えていない。欧米諸国のダブルスタンダードを知り抜いているトルコの社会は、西欧世界が声高に叫ぶ「価値」で他国を判断しない。表向き、そういうことを言いながら、背後から人を刺すようなことを何世紀にもわたって繰り返してきたのが西欧諸国だからである。したがって、アメリカ主導の対ロシア制裁には応じない。

もちろん、トルコ人の多くは、ロシアという国が、帝政時代、ソ連のスターリン時代、そしてプーチンによる「帝国」となってからも、戦争において無類の冷酷さと残虐性を発揮することを歴史に学んでいる。オスマン帝国時代に、十数回もロシアと戦争をしたのである。つい最近も、シリア内戦でアサド政権を軍事的に支援したロシアが、無差別にシリア国民の命を奪い、家を破壊していくのを間近で見てきた。

トルコは、自国が侵略されない限り、決してロシアと戦争をする気はない。ロシアがウクライナに侵攻しようと、トルコはロシアとの商取引で得られる利益は取ろうとする。人の出入りも止めない。ロシアから逃げる富裕層がトルコの地中海岸に不動産を買い漁るなら、それも商売の好機だからである。トルコ人は、なんらかのイデオロギー的なものについて、ロシアにシンパシーを感じる理由はまったくない。同様に、欧米へのシンパシーもない。

オスマン帝国以来のトルコ人に備わっていた「表の顔」

人としてのトルコ人は、クルド人も、アラブ人も同じだが、弱者の救済に熱心に取り組む。

これは、民族を超越するイスラムの教えであり、イスラムの価値である。この地域に暮らすキリスト教徒もユダヤ教徒も基本的に同じ価値を共有しているから、弱者を助けることはイスラム教徒に固有の行動とは言えない。ただし、イスラムの場合には、弱者を助けることが義務であり、善行であるから、一人ひとりの信徒の日常的な行為にはかならず弱者救済が反映される。

その善意の総体が、トルコという国の「表の顔」のもう一つの面を成している。それは、西欧的な近代国家としてのトルコ共和国の価値観ではない。トルコ人が、そしてクルド人やアラブ人が、イスラムを受け入れて以来の価値観である。その意味で、今日のトルコの「表の顔」が、共和国建国以降にできたと考えるのは、必ずしも正しくない。それ以前のオスマン帝国時代にすでに形成されていた要素のなかにも、今日まで継承されてきたものがある。

一つ、身近な例をあげよう。一八九〇年九月一六日、オスマン帝国から明治天皇への親書を携えた使節を乗せた軍艦エルトゥールル号が和歌山県串本沖で遭難、沈没した。大島村(現串本町)の村人が総出で救助にあたり、五八七人が犠牲となったが、六九人の生存者が救助された。村人は、遭難したのがどこの船で、誰が乗っていたのかを全く知らなかった。明治政府は、生存者を帝国海軍の軍艦、比叡と金剛でイスタンブールに送り届けた。串本町の無量寺には、当時、治療に当たった医師による詳細な診療記録が残されている。そこには、誠心誠意、治療と救護活動が行われた様子が克明に描かれている。

たとえオスマン帝国が落日の帝国であっても、当時の日本は、礼儀をわきまえ、相手の名誉を傷つけなかった。オスマン帝国の時代も、トルコ共和国になってからも、日本はトルコへの侵略に手を貸さず、「不可分の一体性」を脅かすこともなかった。それでいて、人びとは困難に直面した時に互いを助けた。だから、トルコは「親日国」になったのである。それは政治的な同盟関係とは何の関係もない。

つまり、トルコ人の親日性というものは、トルコ共和国という国家の「表の顔」とは関係がない。遭難者を誠心誠意、救助したことが、トルコ人のイスラム的な琴線に触れたのである。このイスラム的な弱者救済の倫理は、言うまでもなく、近代国家トルコになって生まれたものではない。はるかに以前から、トルコ人とその社会に備わっていた「表の顔」なのである。

トルコの自画像を知る

こういうトルコの「表の顔」の総体を知らずに、西欧世界のフィルターを通してトルコを見るならば、いくらでも「政権の思惑」や「裏の顔」を描くことは可能だろう。だが、それはいわば他者の描く肖像画である。本書の目的は、そこにはない。トルコという国が、どのようにして「自画像」を描こうとしてきたのか、それを描くうえで、どのような困難に直面したのかを明らかにしていくことにある。

目次

はじめに――トルコの「表の顔」

第1章　トルコの地域的多様性――沿岸と内陸……1
沿岸部――国土を囲む三つの海　2
内陸部――広大なアナトリア高原を点描する　12
【コラム】　トルコ憲法にみる国のかたち　20

第2章　一九九〇年代――不安の時代……23
混迷する社会、イスラム主義政党の台頭　24
最後の「クーデタ」に至る道　35

第3章　エルドアン政権への道――障壁と功績……45
「反動主義」と民意　46
政治家エルドアン――スター誕生　50
一九九九年という困難な年　59

イスラム主義政党から生まれた「新進組」　71
エルドアン政権の誕生　75

第4章　EU加盟交渉の困難な道のり……81
ヨーロッパ共同体への「長く細い道」　82
エルドアンと公正・発展党政権が進めたEU加盟交渉　91
トルコ国民の思い　106

第5章　世俗主義をめぐる闘い——軍部と司法の最後の抵抗……111
二〇〇七年四月二七日、大統領選挙　112
公正・発展党閉鎖裁判　122
ヒジャーブ問題の帰結　133

第6章　エルドアン政権、権力機構の確立……139
——権力の集中はなぜ起きたか
大統領の直接選挙制から大統領制へ　140

大統領への権力集中をもたらした「クーデタ未遂」事件　146

第7章　揺らぎなき「不可分の一体性」と民族問題
――クルド問題の原点と和解プロセスの破綻……157

民族問題の構造　158
オスマン帝国の崩壊と民族問題の源流　162
トルコの独立戦争とローザンヌ条約　168
クルド問題に対する政策の変遷　179
クルドをめぐる政治と軍事衝突　186
クルド政党――政治プロセスへの参入と司法による拒絶　192
政権とPKKとの「解決プロセス」とその破綻　197

第8章　直面する課題――いかにして難題を乗り切るか……209

課題①＝欧米諸国からのイスラム嫌悪　210
課題②＝激しいインフレと市民の防衛策　219
課題③＝ウクライナ戦争とトルコの役割　233

終　章　建国一〇〇年の大統領 …… 249
二〇二三年大統領選挙・大国民議会議員選挙　250
二〇二三年大統領選挙の意味　258
あとがき …… 261
関連年表

＊本文中のトルコ語のカタカナ表記は、なるべく原音に近づけている。Vの字は濁らないが、元の人名や地名を検索する時の便宜を考えて「ヴ」で表記した。

2　トルコ共和国とその周辺

1　トルコ共和国全図

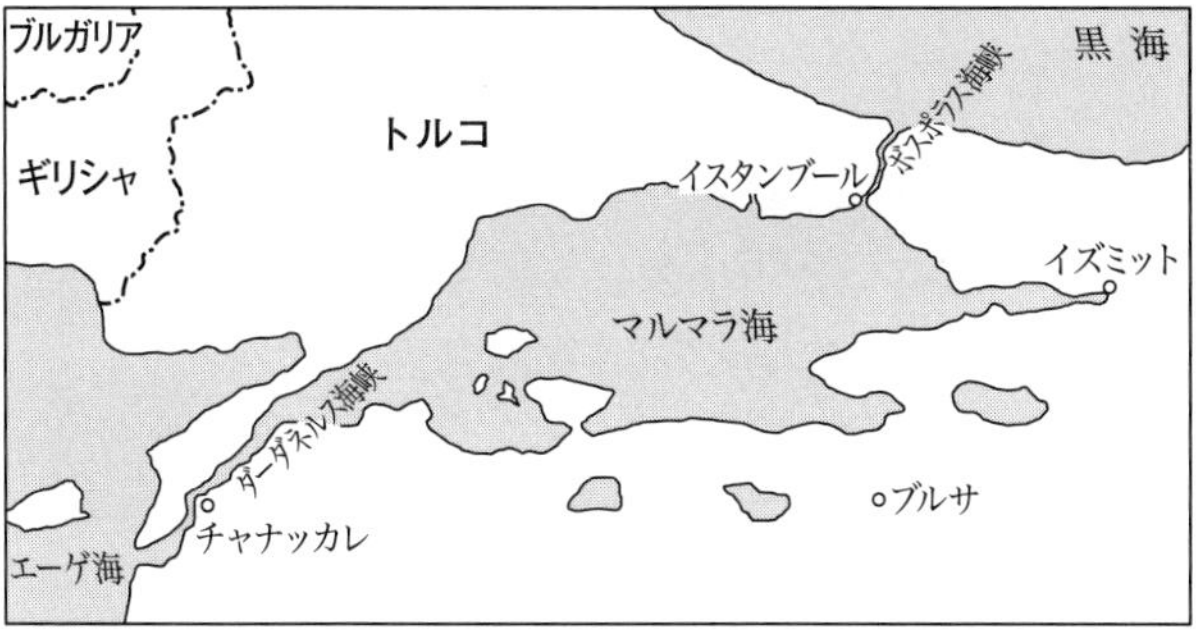

3　ボスポラス海峡とダーダネルス海峡

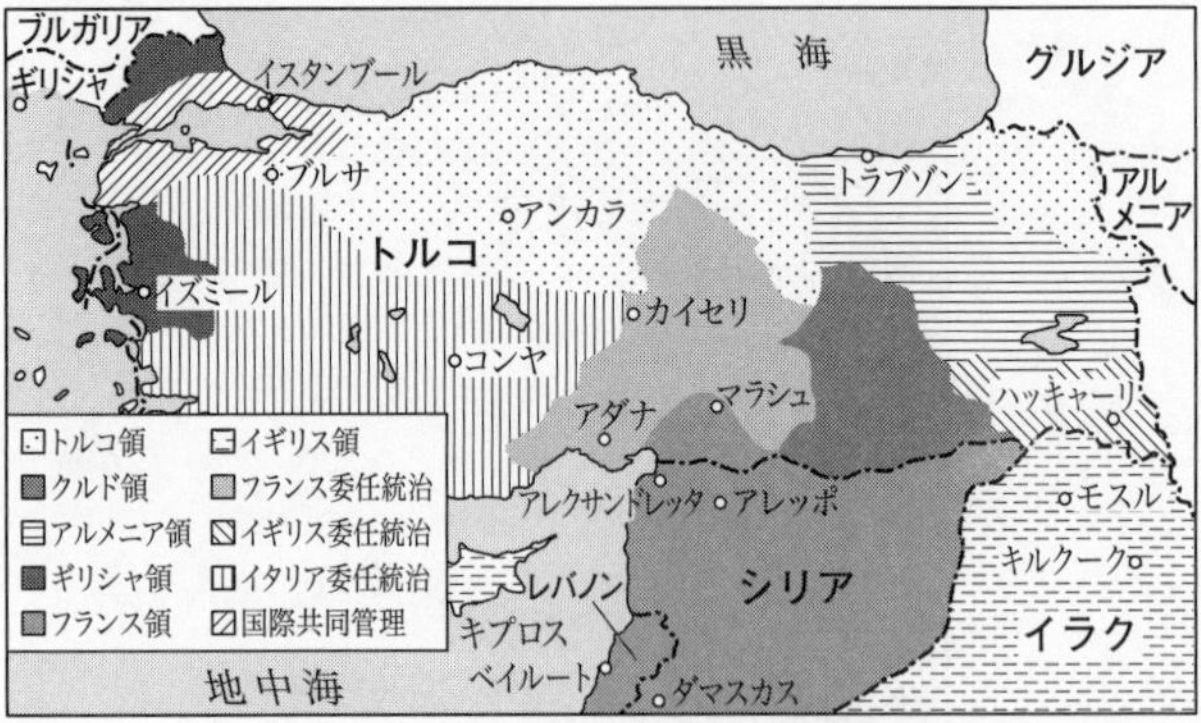

4　セーヴル条約(1920)によるトルコ分割案

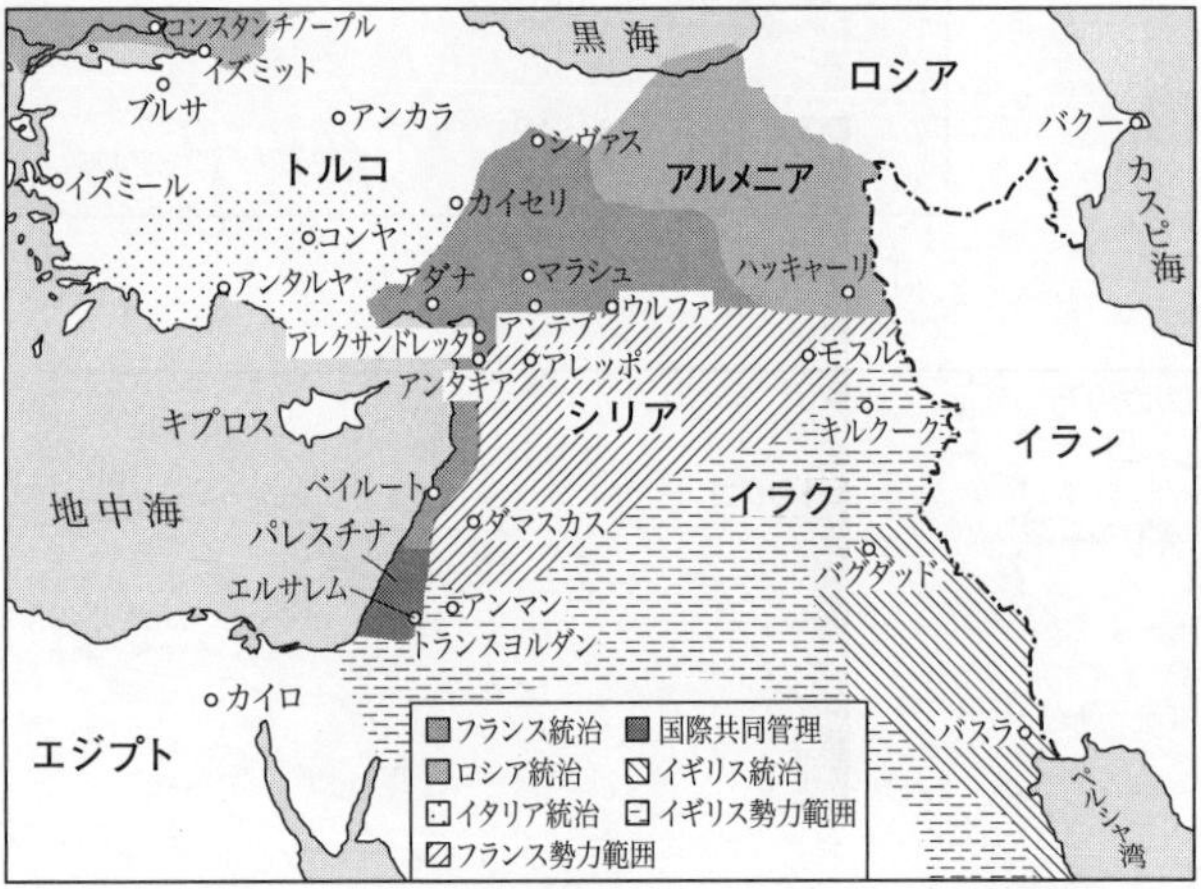

5　サイクス・ピコ協定(1916)によるトルコ分割案

第1章　トルコの地域的多様性——沿岸と内陸

上：エーゲ海地方特産のアーティチョーク
下：ガジアンテプが特に名産の菓子バクラヴァ
（著者撮影）

沿岸部——国土を囲む三つの海

トルコは、北の黒海、西のマルマラ海とエーゲ海、南の地中海という三つの海に囲まれている。東西にのびる陸地をアナトリア半島と呼ぶ。各々の海とその周辺の地域は、景観も社会も食文化も異なっている。まず、トルコを囲む海の沿岸をぐるりと回って、後に内陸部を見ることで、地理的な特徴を拾い上げていくことにする。そこで、その地域の気候と産物と食に限って書いておこうと思う。難しい話は、あとで書かねばならないので、ここではこの国を旅する期待を持っていただきたいからである。

黒　海

北の黒海はトルコ語でカラ・デニズ(Kara Deniz)というが、文字通り、黒い海の意味である。「黒い」という呼称の由来については諸説ある。夏にはさほど感じないが、秋から冬にかけて、この地域は雨季にあたり天気が悪い。その時期にこの海を眺めると、たしかに灰黒色で「黒い海」という感じがする。冬に雨が降り、夏は乾燥するのがトルコ全域にわたる気候特性である。

黒海沿岸地域は、そのなかでも年間降水量が多い。さらに、東西に長い沿岸の東部では、より降水量が多く年間で二五〇〇㎜に達し、西部では一〇〇〇㎜、中部では八〇〇㎜程度とされている。雨と霧がこの海の沿岸を特徴づけているのだが、東に行くにつれ、一年中、いつでも雨が降るのに対し、それ以外の地域では、雨は夏に少なく、秋から冬に多い。

雨が多いために緑が多いことは、黒海沿岸地域に特徴的な景観をつくりだしている。アナトリア半島の内陸部、西部、東南部はいずれも乾燥していて、日本的な濃厚な緑を見ることは少ない。黒海沿岸には平野部は少なく、背後の山は、低いところで栗やプラタナスの木々からなる森があり、高いところに行くにつれ、松や樅《もみ》などの針葉樹が増える。東部のリゼ周辺の斜面は茶の栽培が盛んで、トルコのチャイの茶葉は主にこの地域の産である。畜産についても、黒海沿岸はトルコの他の地域と大きな違いがある。羊よりも牛の飼育が盛んなことである。そのため、食文化でも牛肉が中心で、油脂もオリーブ油よりもバターを使う。パンも小麦のものだけでなく、トウモロコシを挽いた粉でつくる独特のものがある。

リゼ周辺の斜面に広がる茶畑（リゼ市 HPより）

トラブゾンには、クイマクあるいはムフラマという独特の食べ物がある。コーンの粉（ムスル・ウン）をたっぷりのバターと水を加えて混ぜ、チーズを加えて煮溶かして食べるもので、フランスのオーヴェルニュ地方にあるアリゴと似ている。アリゴはマッシュドポテトを加えるが、クイマクはトウモロコシ粉を加えて、出来上がりは、どちらも搗《つ》き立ての餅のように伸びる。山の中腹にあるレストランで朝食に食べると、なんだかアルプスの山中にいるような感がある。

　黒海では、他の海とは異なる魚がとれる。とくに、ハムシというカタクチイワシの一種は、イスタンブールを含めて沿岸部の人びとの冬の味覚である。油で揚げて皿に並べ、レモンとルッコラ（トルコ語ではロカ）を添えて食べる。他にも、ピラフにこの魚を混ぜ込んで炊くハムシ・ピラフもポピュラーな料理である。ピラフはトルコ語でもピラウ（Pilav）である。

地中海

　南部の地中海沿岸は、乾燥しているとはいえ年間の降水量が八〇〇〜一〇〇〇㎜に達するところもあり、北のトロス（タウルス）山脈にかけて植生の豊かな地域になっている。だが、黒海沿岸のように緑が濃い景観とは異なり、松林を中心に、オリーブ、イチジク、クルミ、ブドウなど比較的低木の植物が栽培されている。この山脈のおかげで、夏はエーゲ海地方に比べると湿度が高いが、リゾートとしての地中海が世界的に注目されるにつれて、トルコ南部の地中海沿岸も観光開発が進んだ。いまや一大リゾート地が連なっている。地中海はトルコ語でアク・デニズ(Ak Deniz)、白い(明るい)海の意味である。

このあたりから地中海を南に行くとキプロス島がある。この島の北半分にはトルコ人が住んでいて、島はギリシャ人のキプロス共和国とトルコ人の北キプロス・トルコ共和国に分断されたままである。もっとも、トルコ系の北キプロスを国として承認しているのはトルコだけで、国際的には承認されていない。地理の話のついでに、一つ触れておきたいのは、この位置にあるキプロスが、なぜEUに入っているのだろうか、という疑問である。地理的な距離から言えば、キプロスはシリアやトルコに近く、ヨーロッパ大陸側のEU加盟国ギリシャには遠い。キプロスは二〇〇四年にEUに加盟したが、そのことがトルコの加盟を阻むことになった。この話は第4章で扱うことにしたい。

南部の地中海沿岸は、東の端でキリキアという地域になる。現在、この地域呼称を耳にすることはない。だが、トルコの独立戦争のころには、しばしば登場した名前である。トロス山脈の山麓が平野につながるのである。アダナを中心にハタイ(アンタキヤ)にかけて西のセイハン川と東のジェイハン川の流域に肥沃な沖積平野が広がっている。そのため、この地域は古くから幾多の勢力が支配を試み、そのたびに争乱の地となってきた。キリスト教にとっては、この地域のタルソス(トルコではタルスース)出身のパウロが初期の伝道に重要な役割を果たす。イスラムが誕生した七世紀以降は、イスラム王朝も争奪戦に加わり、東ローマ、アルメニア王国、セルジューク朝が争い、十字軍もそこに加わった。オスマン帝国は一五世紀にはキリキアを支配するようになり、その後、第一次世界大戦期までオスマン帝国の支配は続く。

キリキアは、キリスト教とイスラムが出会う場であった。それゆえ、近代以降は二つの宗教文明を背景とする勢力がこの地をめぐって激しく争うことになり、現在までつづく民族の問題を生み出してしまった。キリキアがたどった歴史は、二〇世紀以降、アルメニア領がこの地域から消滅する過程と重なるので、第7章で詳しくみることにしたい。

マルマラ海とエーゲ海

海に沿ってトルコを一周する最後に、西のマルマラ海とエーゲ海を見ておこう。マルマラ海というのは、ボスポラス海峡とダーダネルス海峡のあいだにある内海である。黒海から地中海につながるこの地域には、大工業地帯がある。一九九九年にはマルマラ大震災によって甚大な被害を蒙ったが、現在は復興してトルコの産業を支える拠点となっている。かつては東に深く入り込んだ入り江を回らないとブルサに抜けられなかったが、現在は橋ができてショートカットできるようになり、工業地域としてブルサ地域との一体化が進んだ。

南のブルサも工業生産の中心で、県内に一七の工業団地をもつ。繊維、建設、食品、機械、電気・電子など、集積している部門は多岐にわたる。繊維は、絹織物が原点で、市内の古いハーン(隊商宿、キャラバン・サライ)には、イペキ・ハーン(絹のハーン)やコザ・ハーン(繭のハーン)の名前をもつところがあり、今でも繊維製品を商っている。一九世紀の半ばには三七の製糸工場と五〇〇〇軒にのぼる機屋があったという。現代では衰退したが、いまはブルサ市が中心となって桑の栽培から養蚕、そして製糸と織物まで再興している。

ブルサは、オスマン帝国最初の都が置かれた歴史的な都市でもある。イェシル・ブルサ(緑のブルサ)と呼ばれるように、気候は温暖で年間降水量も七〇〇㎜程度、平均の湿度も六七％と乾燥していない。気温は夏でも三〇℃前後までで、地中海沿岸や東南部ほど高温にはならない。町の南には二五四三ｍのウルダーという山があり、マルマラ地域では最も高い。トルコ有数のスキーリゾートとしても知られている。山麓には堂々たる湯量を誇る温泉(カプルジャ)がある。トルコの温泉には基本的に温水プール型と伝統的な公衆浴場がある。公衆浴場ではタオルを身に巻き付けて入浴するのが作法で、全裸になってはいけない。

ブルサは栗の生産でも知られ、名産の菓子にケスターーネ・シェケル(マロングラッセ)がある。もう一つ、ブルサにはイスケンデル・ケバブという肉料理がある。イスケンデルはアレキサンダーのことだが、古代マケドニアの王とは関係なく、料理の創始者の名前と言われている。肉は羊を使う場合と牛を使う場合があるが、ドネル・ケバブと同じく串に薄切りの肉を重ねて刺し、周囲から火で炙《あぶ》る。肉は脂のない赤身肉を使い、炙った肉を薄くそぎ落として食べる。ピデというパンの上に肉を載せてから、好みでトマトソース、ヨーグルト、溶かしバターをかけまわす。ピデはピザのような料理を指すこともあるが、座布団のようなパンそのものもピデと呼ぶ。下に敷いたピデには肉汁とソースの味が染みるので、これも残さず食べる。トルコ人にとっては、ドネル・ケバブよりもずっとご馳走感がある。ブルサでは、この料理にはブドウからつくられたシラという飲み物が供される。シラは発酵飲料だがアルコールを含まない。

ブルサはマルマラ海には面していないが、北のムダニヤのあたりは海岸に面した町で、ブルサから絹などを輸出する港町として発達した。ここは一九二二年一〇月一一日、アンカラ政府(後のトルコ共和国政府)と第一次世界大戦の戦勝国イギリス、フランス、イタリアとの間にムダニヤ休戦協定が結ばれた場所として歴史に名を留める。この協定は、それ以前にオスマン帝国との間に結ばれたムドロス休戦協定やセーヴル条約を破棄し、新たにアンカラ政府による独立を認めるローザンヌ条約への道を拓くものであった。マルマラ海は黒海と同じように、戦略的に重要な内海だった。北はボスポラス海峡を経て黒海に抜ける。つまり、ロシアに向かう。逆に南にはもう一つの海峡、ダーダネルスがあり、その先にエーゲ海、地中海という外海が広がるからである。

ダーダネルス海峡を南に抜けると、エーゲ海に出る。ここではじめて、外海に出ることになる。エーゲ海沿岸は、冬が雨季で夏は乾季である。冬にはロドスという南風が吹き、どんより曇り、雨も降る。四月を過ぎると晴天が続くようになり、七月から八月まで、日差しが肌を刺すような暑く乾燥した夏となる。九月に入ると、雲が現れ、空気が湿気を帯びて和らぐ。

エーゲ海地方は、経済的な先進地域である。機械、化学から家具まであらゆる工業が集積している。歴史的には、オリーブ油の生産やブドウからのワイン生産のように、農産加工が盛んな地域だった。今でも花卉《かき》園芸や種苗生産の拠点である。他に、繊維産業も盛んで、ヨーロッパの高級ブランドの生産拠点がイズミールにはいくつもある。

農産物としては、オリーブ、ブドウ、イチジク、そしてイズミールからさらに西のチェシュメ半島ではアーティチョークの栽培が盛んである。日本に輸入されている干しイチジクの多くはイズミール産である。オリーブは秋に収穫し、搾る。大規模な工場もあるが、農村では共同の搾り場に持ち込んで自家用の油を搾る家も多い。このような精製しないオリーブ油は、非常に香りと味が強く、日本人向きとは言えないが、野菜や魚料理にかけると個性を発揮する。

アーティチョークは八月末に種をまき、乾燥しているときには水を十分に与える。あとは冬の雨季をへて早春二、三月に収穫する。つぼみを茹《ゆ》でて、葉のようなガクを剝《む》き、花芯の部分をオリーブ油とともに食べる。フランスではガクの元を歯でそぎながら食べるが、トルコの人はもっぱらガクのところを食べる。ずいぶん効率の悪い作物だが、茹でたアーティチョークは

トルコのエーゲ海岸の町チェシュメから沖合のギリシャ領キオス島を臨む。フェリーなら1時間の距離だ(著者撮影)

百合根《ゆりね》のようにほくほくした味わいがあり、春先の季節ものとして高値で取引される(章扉写真)。

夏は乾燥しているが、北風(ポイラズ)が吹くので爽快である。逆に冬は、ねっとりと湿気を含んだ南風(ロドス)が吹いて雨をもたらす。この気候が夏の乾燥からは想像もつかない豊かな恵みをエーゲ地方にもたらしている。漁業も盛んだが、目の前の島もギリシャ領であるから領海は狭く、沿岸での漁が中心となる。有名なリゾート、ボドルムの向かいにはギリシャ領ドデカネス諸島のコス島があるが、わずか四キロしか離れていない。イズミールから西に向かってチェシュメ半島を進んだ突端には、チェシュメという町がある。その沖合一三キロには、ギリシャ領ドデカネス諸島のキオス島がある。

エーゲ海を挟む隣国ギリシャとの緊張関係

エーゲ海地方というのは、日本人をはじめムスリム以外の外国人には住みやすい土地である。

保守的なムスリムが少なく、地域社会にさほど濃厚にイスラムが反映されていないからである。二〇〇二年に公正・発展党政権が誕生した後も、この地域は世俗主義派（共和人民党）の牙城《がじょう》だった。歴史的に、独立以前にはギリシャ系住民も多く、当時はスミルナと呼ばれていた。第一次世界大戦でオスマン帝国が敗北した後、ギリシャ軍は勢いに乗ってアナトリア内部まで侵攻した。当時の宰相ヴェニゼロスが掲げたメガリ・イデア（偉大なる理想）のなせる業であった。しかし、その野望は、ムスタファ・ケマル率いるレジスタンスに阻まれ、最後は、一九二二年の九月九日にイズミールから文字通り海に追い落とされてしまった。兵士だけでなく、イズミールにいたギリシャ人やアルメニア人も、沖合のギリシャ軍艦に助けを求めたが、イズミールは謎の大火に見舞われ、多くの犠牲者を出す悲劇の舞台となった。

もちろん、トルコ側からみれば、侵略してきたギリシャ軍もろとも追い出したことになるから、九月九日は国民の記念日となっている。イズミールにはドクズ・エイリュール大学という名門の国立大学があるが、ドクズ＝九、エイリュール＝九月だから、文字通り九月九日大学である。独立戦争での戦火のために、オスマン帝国時代の都市景観はほとんど残っていない。都市としてモダンな感じがするのはそのためである。ただ、郊外にでると、古代ギリシャからローマにかけての遺跡が多数ある。代表的なのはエフェス（エフェソス）だが、他にもアフロディシアス、ベルガマなどがある。

エーゲ海を挟むギリシャ、トルコ両国の関係は常に緊張してきた。一九二二年の最後の戦いは、ギリシャにとって屈辱であり、トルコにとっては勝利だった。しかし、現在の領土を確定したローザンヌ条約では、トルコ沿岸のほとんどの島はトルコ領にならなかった。結局、目の前の島までギリシャ領とされたことは、大きな不満をトルコ人に残しただけでなく、現在まで続く領海をめぐる対立の原因になった。

島々との行き来はフェリーや高速ボートがあって容易である。政治的な問題が起きると、互いの入国審査や税関検査が厳しくなって面倒だが、それでも往来が途絶えることはない。

内陸部――広大なアナトリア高原を点描する

海をめぐりながらトルコの一端を紹介したので、内陸部についても書いておきたい。内陸といっても、西から東にアナトリア高原は広いから、点描である。

トルコを地形からみると、基本的に沿岸部の平野は狭く、内陸部の大半がアナトリアの高原地帯にある。気候的には、夏は乾燥して暑く、冬は雨季にあたり寒い。月ごとの気温の変化と降水量の変化は、逆のカーブを描く。

これはトルコ全国でそうだが、内陸部は、沿岸部と比べると冷涼で降水量も少ない。冬にはかなり寒くなり、首都アンカラでは一月の平均気温は〇℃前後まで下がり、時に氷点下一〇℃ぐらいまで下がる。このような気候は、日本人にも人気の観光地、カッパドキアあたりでも同じである。夏は、じりじりと陽光に照らされるが、日が沈むと急激に気温が下がる。夏の間、一日の寒暖の差が大きいことは、トルコの内陸部を旅行する際に知っておくべき点である。冬は一日中気温は変わらず、寒い。

内陸部で晩秋の一一月、晴れて暖かい日が一日から数日、続くことがある。日本でいう「小春日和」である。トルコでは、これをパストゥルマ・ヤズ(Pastırma Yazı)という。パストゥルマというのは、牛肉に塩や香辛料を摺《す》り込んで干した保存食である。香辛料としては、クミンを使うことも多いが、入れない製法もある。かなり塩味の強いもので、薄くスライスしてそのまま食べてもいいし、卵料理に混ぜてもいい。ヤズは夏のことである。パストゥルマは一一月からつくりはじめて、春までに完成する。肉を干していく最初のころに、暖かくなる日を「パストゥルマの夏」と呼ぶのである。夏が終わって、急に寒くなっていくなかで、不意に晴れて暖かい日がつづくのはうれしい。内陸部の冬は暗い季節だから、人びとの心が和む一瞬でもある。

パストゥルマの名産地はカイセリやカスタモヌで、いずれもアナトリア高原の内陸部にある。カイセリはエルジエス山という中央アナトリア高原で最高峰(三九一六m)の麓に位置する。山岳地帯を吹き抜ける風が美味いパストゥルマをつくるとカイセリの人は言う。カスタモヌは、日本人にも人気の古い町、サフランボルの東、黒海沿岸の背後に広がる高地に位置する。

内陸地域は、もともと小麦を中心とする農業と牧畜が主要な産業だった。野菜や果物は都市や集落の周辺で栽培されてきたが、内陸では冬の雨季を利用して秋蒔きの小麦を育てるのが合理的だったのである。夏季は気温が上がっても雨が降らないため、灌漑《かんがい》設備をもたないと大規模な野菜の栽培には適さなかった。

二〇〇〇年代に入ると、従来、開発が遅れていた内陸部にも工業団地が造られた。最初は、建材、家具、繊維などの分野だったが、現在は電気・電子、機械など重要な産業が集積するようになった。土地は広大で安価だったため、あとは電気、水、道路などのインフラが整えば工業化のコストは低かったことが幸いした。新興企業家の「アナトリアの虎」と呼ばれる集団が、先進工業地域の沿岸部ではなく、内陸アナトリアから生まれたことは注目すべき変化だった。彼らは、伝統的かつ保守的な価値を重視するムスリムで、西欧的、世俗的なイスタンブールやイズミールの企業家への対抗意識もあった。後にエルドアン政権を支えていくミュシアド（独立産業家・実業家連合）も内陸部出身の実業家を中心にしている。

コンヤとその周辺

内陸部のコンヤは、そういう企業家の中心都市だが、古くはメヴレヴィーというスーフィー

（内面を重視するイスラム思想）教団の本拠地であり、保守的なムスリムの多い町として知られてきた。メヴレヴィー教団は、旋回する行（セマー）で知られている。白い長い衣をまとい、集団で、独特の音楽に合わせて優美にくるくると旋回する。私たちから見れば、それは音楽と舞踏だが、彼らにとっては、この旋回を通じて神に近づこうとする修行だそうである。毎年一二月の半ばには、大きな催しがある。

彼らの修行場としての道場は、アタテュルクの時代、一九二五年に閉鎖された。そのため、長いこと、体育館のようなところで行われていた。九〇年代の初期に私が見学した時には、行事は文化省の監督の下で行われていたが、集まってくる人には信仰心から舞台で行われる行に陶酔する人が多かった。イスラムを公の場から排除しようとする共和国の原則が、いかに実現困難なものであるかを知るきっかけとなった経験である。イスラムの精神世界はこのようなスーフィーによっても継承されてきた。

道場が復活したのは、公正・発展党政権になってからのことだった。コンヤは、昔からイスラム政党の中心の一つでもあり、宗教が政治に介入することを許さないというアタテュルクの精神を守る軍部からたえず監視されていた。一九八〇年九月一二日のクーデタの前には、この町でイスラム主義政党が、シャリーア（イスラムの法体系）を導入せよという政治スローガンを叫んだことが軍に引き金を引かせたと言われている。今では、コンヤも新興企業家たちによる産業振興の中心地で、かつての宗教都市のイメージは随分変わった。

この町の周辺の伝統産業として私が覚えているのは、絨毯《じゅうたん》やキリム（遊牧民の伝統的な平織りの織物）の製造や修理の高い技能をもつ職人が集まっていたことである。ここから東のアクサライにかけて、伝統的な技をもつ職人がいて、古いキリムの修理を頼みに行ったものである。伝承によればこのあたりがシルクロード沿いの隊商都市にあたるそうで、いくつかのハーン（隊商宿、キャラバン・サライ）の遺構もある。村を訪ねると、敷物としてだけでなく、家の壁に色鮮やかな絨毯やキリムを掛けていた。敷物として使うと思い込んでいたのだが、冬場、寒冷な内陸部では、部屋全体を保温するために絨毯を使っていた。壁に掛けて外からの寒さを防ぐのである。

コンヤあたりの食文化は、一にも二にも肉、それも質のいい羊の肉料理である。なかでも、フルン（窯）で焼いた羊肉は名物である。骨付きのまま、長時間、窯焼きにしたものだが、肉はほろほろと骨から崩れ濃厚な味わいがある。塩と肉汁だけで五、六時間かけて焼くのである。フルン・ケバブには前脚、あばらなどあらゆる部位を投入する。宗教的に保守的な土地柄ゆえ、この種の料理を食べさせるレストランに酒はない。

東南アナトリア地方

内陸といっても、東南部はかなり景観が異なる。キリキアの平野から東に向かうと、山を越えて再び五〇〇mから八〇〇mぐらいの高度の地域が東に向けて広がる。トルコの東南の端はイラクとイランとの国境地帯だが、このあたりは山岳地帯である。気候的には、夏は乾燥して高温、冬が雨季で低温となる。それでも、ディヤルバクル、シャンルウルファ、ガジアンテプなど東南アナトリアの主要都市がある地域は、アナトリア中央部の高地よりは温暖である。トルコの他の地域に比べると、夏は特に乾燥しているように感じるが、冬の降水量を含めると年間降水量は六〇〇㎜程度なので、沙漠気候ではない。地中海性気候に分類される。それでも、乾燥している夏季は一日の気温差が大きいから、昼間は猛暑でも夜間はかなり涼しくなる。

中心都市のディヤルバクルにはティグリス川が流れており、西のユーフラテス川とともに、この地域の灌漑を担っている。この地域の農産物は、小麦、大麦、綿花、各種の豆、葉タバコ、ピスタチオ、アーモンド、イチジク、そして野菜と果物が非常に多様である。なかでも、ディヤルバクルの巨大なスイカ、ガジアンテプのピスタチオは有名である。食文化としては、羊肉を用いた様々なケバブ(焼肉)で知られている。挽肉をこねて丸めたり、小さな肉片を串に刺して焼いたり、日本でもよく知られている薄切りのドネル・ケバブにしたり、さらにはトマト、ナス、青唐辛子、玉葱《たまねぎ》などと組み合わせ、タイム、オレガノ、クミンなどの香辛料をふんだんに使う繊細な料理が多い。日本も含めて、外国で「トルコ料理」の代表格だと思われているケバブの多くは、この地域が有名である。

海に近いから内陸とは言えないが、シリア国境のハタイ県アンタキヤには、キュネフェという独特の菓子がある。小麦粉と牛乳を合わせて液状にし、それを細く射出する道具を使って、もしゃもしゃとした細い紐《ひも》状のもの（カダユフ）をつくる。それを千切り、バターと合わせてから鉄板で焼き、白いチーズを挟み、またカダユフを重ねて焼き、カダユフがカリカリになるまで焼き上げるという手の込んだものである。食べる直前に、糖蜜（シェルベット）をかけまわす。アンタキヤを訪ねる人は、このキュネフェを楽しみにしている。二〇二三年二月の大地震で、甚大な被害を受けた都市の一つがアンタキヤである。

この地域の菓子をもう二つ紹介する。ガジアンテプのバクラヴァとカフラマンマラシュのドンドゥルマ（アイスクリーム）である。バクラヴァは、紙のように薄く伸ばした小麦粉の生地を二〇層ほど重ねて間にピスタチオやクルミを挟み、大きな浅い容器に入れてオーブンで焼き、最後に蜜をかける（章扉写真）。書くと短いが、その工程は驚くほど複雑かつ繊細である。

カフラマンマラシュのドンドゥルマというのは、日本でも知られるようになった「伸びるアイス」の原型である。山羊のミルクにサーレプという植物の球根から取った澱粉《でんぷん》と砂糖を溶かしてから凍らせる。それを叩いて鍛えるのである。鍛えては凍らせる作業を繰り返すことで、最後は、ナイフでも簡単に切れないほど硬い塊となる。このアイスはふつうは「マラシュ・ドンドゥルマ」あるいは「マラシュの叩きアイス」という名前で呼ばれる。日本のように「伸びるアイス」とは呼ばないようである。確かにこのアイスクリームは伸びるのだが、それは、加えているサーレプの澱粉のせいである。

マラシュという都市は頭にカフラマン（勇者）という言葉が付いて、カフラマンマラシュと呼ばれる。同じように、ウルファという都市はシャンル（名誉ある）を冠してシャンルウルファと呼ぶ。ガジアンテプも、もとはアンテプという地名に、ガージー（凱旋《がいせん》者）を付けている。これらの名称が元の地名に付加されたのは、建国期にこの地域でフランス軍などとの戦闘があり、戦勝を記念したためである。紹介したスイーツのつくり方は、YouTubeなどでここに記したトルコ語で検索すると、みつけることができる。

が政権を取った時、国内外から、シャリーア(イスラム法)の支配に戻すのではという危惧を表明する向きもあった。しかし、「世俗国家」「法治国家」であることは憲法により変更できないから、そもそもシャリーアへの支配に戻ることなどあり得なかったのである。》

X　法の下の平等

第10条　すべての人は、言語、民族*、肌の色、性別、政治思想、思想信条、宗教、宗派および類似の理由により差別されることなく、法の下で平等である。いかなる個人、家族、集団、あるいは階級に対しても、特権は与えられない。国家の組織と行政組織は、全ての業務において法の下での平等原則に対して適切に行動しなければならない。

《*原語のウルク(ırk)は言語や文化を絆とする集団。だが、英語では race と訳されることが多い》

第2部　基本的権利と義務

Ⅲ　基本的権利と自由の濫用の禁止

第14条　憲法にある権利と自由のいずれも、国家の国土と国民との不可分の一体性を毀損し、人権に基づく民主的で世俗的な共和国を消滅させる目的の行為には行使できない。(後略)

第4部　国民の権利と義務

Ⅰ　トルコ国籍

第66条　トルコ国家に国籍によって結ばれる者はすべてトルコ人である。(後略)

《クルド問題との関係で重視されるのが、この条項である。クルド人の存在は認められている。クルド人を名乗るか名乗らないかは本人が決めることだが、この条項があるために、トルコ国民はトルコ人ということになる。ここで、本人が、自分はトルコ人ではない、クルド人だと宣言し、トルコ国民であることを拒否するのであれば、深刻な軋轢を生むことになる。民族的にクルド人であると自認しても、トルコ国民であることを受容するなら問題にはならないが、第三者が「おまえはトルコ人だ」と決めつけるならば、そこから民族アイデンティティの問題が発生する。その意味で、この包括的なトルコ人規定の条項が争点になると、難しい問題になる》

【コラム】 憲法にみる国のかたち

トルコという国は、「一体性」を絶対的に重視する。前身のオスマン帝国が第一次世界大戦で敗北し、領土を分割されるなか、徹底抗戦して今の共和国を建てた。そのため、憲法前文は「トルコの国土と民族の永続的存在と崇高なるトルコ国家の一体不可分性を規定するこの憲法」という文言で始まる。

現在の憲法は、1980年のクーデタ後の軍事政権によって1982年に制定されたが、2000年代の初期に、民主化、人権、法の支配などを前進させるために、条文の削除、修正、追加が行われた。ここでは、国家の基本的性格を規定する条文(2023年現在)の一部を紹介する。

第1部　一般原則

Ⅰ　国家の形態

第1条　トルコ国家は共和国である。

Ⅱ　共和国の基本的性格

第2条　トルコ共和国は社会の平安、国民の団結と公正の理解に基づいて、人権を尊重し、アタテュルクの民族(国民)主義に従い、前文で規定した基本原則に依拠する民主的、世俗的、社会的な法治国家である。

Ⅲ　国家の統一性、公式言語、国旗、国歌、首都

第3条　トルコ国家は、その国土及び国民と不可分の統一体である。言語はトルコ語である。国旗は法で定められた深紅色の地に白い月と星の旗である。国歌は「独立行進曲」である。首都はアンカラである。

Ⅳ　改正不可条項

第4条　第1条が規定する国家の形態が共和国であるという条項、第2条の国家の基本的性格、第3条の諸規定は、改正することができず、改正の発議もできない。

《トルコという国家の基本的性格が、「国土と国民の不可分の一体性」、「民主国家」、「世俗国家」、「法治国家」であることについて、後世の変更を禁じる厳しい規定。公正・発展党

第2章　一九九〇年代——不安の時代

初のイスラム主義政党と中道右派の連立政権を率いた福祉党のネジメッティン・エルバカンと正道党のタンス・チルレル

混迷する社会、イスラム主義政党の台頭

一九九七年の二月二八日、最後の「クーデタ」が起きた。クーデタといっても、戦車が街中を走り回って、放送局などを占拠し、参謀総長が戒厳令を発動するという、誰が見ても明らかな軍による権力奪取ではなかった。なかなか手の込んだ政変劇と呼んだほうがよいかもしれない。軍が怒りを爆発させた相手は、与党となったイスラム主義政党、福祉党と党首のネジメッティン・エルバカンであった。

ここでは、そのプロセスをたどることによって、この「クーデタ」がトルコの政治に残した遺産を検証する。皮肉なことに、これ以降、軍は「クーデタ」を使って政治を左右することはできなくなった。その意味でも一時代を画す出来事であった。

当時の政権は、イスラム主義政党の福祉党(党首はエルバカン)と中道右派の正道党(党首はタンス・チルレル)の連立だった。この連立は一九九六年六月二八日から九七年六月三〇日までの約一年で崩壊した。しかし、イスラム主義政党が、大国民議会(一院制の国会)で第一党となったのは、トルコ共和国の建国以来、初のことだった。

その一つ前、共に中道右派の祖国党＋正道党の連立は、さらに短く三か月しかもたなかった。短命な政権が続いた理由は、一九九五年一二月二四日に行われた大国民議会議員選挙(総選挙)の結果、イスラム主義の福祉党が第一党になり、他の党は票が割れてしまい、安定多数をとれなかったからである。八〇年代以降、不安定な連立政権というものがトルコの内政を混乱させてきたことは間違いない。

暴力の応酬

当時の国内状況は、トルコ全体をとらえて言うならば、政治、経済、社会のすべてが混迷のなかにあった。一九九〇年代の前半がいかにひどい時代だったかを、簡単に振り返ってみよう。

一九九〇年一〇月、アンカラ大学イスラム神学部のバフリエ・ウチョク准教授が家に届いた小包爆弾で暗殺された。彼女はヒジャーブ(ムスリム女性の被り物、一三四ページ参照)着用について女性の義務とは言えない等の発言でイスラム勢力から脅迫されていた。女性でイスラム神学部の教員を務め、かつ、本人はヒジャーブを着用しないことで、リベラルなイスラム学者とされていたが、保守的なムスリムからは嫌われていた。犯人不明。

一九九三年一月、世俗派のジャーナリスト、ウール・ムムジュが自宅前の自動車に仕掛けられた爆弾で爆死。彼は著名な言論人で、世俗主義だけでなく、リベラルでもあったから、容疑者についてさまざまな憶測が飛び交った。イスラム過激派、国の治安機関、クルド武装勢力のPKK（クルディスタン労働者党）などが取りざたされたが、結局、不明のままである。一九九三年四月、トゥルグト・オザル前大統領死去。彼についても毒殺説が後を絶たず、一九年後に遺体を掘り返して検査が実施されたが、証拠は出なかった。

一九九三年七月、シヴァスでアレヴィー派の作家、詩人の会合が行われていたマドゥマク・ホテルをイスラム主義に共鳴する暴徒が襲撃、三五人が犠牲になった。難を逃れた作家の一人がサルマン・ラシュディの『悪魔の詩』のトルコ語翻訳者のアズィズ・ネスィンで、彼はイスラム主義者から激しい敵意を受けていた。アレヴィーは独自の信仰をもつ人びとだが、イスラムのスンニー派からは差別されてきた。イスラムの一つの宗派だとする見解もあれば、異端だという人、イスラムではないという人もいる。それゆえ差別にさらされ、スンニー派のイスラムが政治の前面に出てきたときには、襲撃や迫害の危険にさらされてきたのである。

事件は凄惨なものだったが、そこで暴徒が叫んでいたスローガンは、トルコの世俗主義が危機にあることを如実に物語るものだった。当時のテレビ放送に残されたものを拾ってみる。

「悪魔のアズィズ（ネスィン）、くたばれライクリキ（世俗主義）、シャリーア（イスラム法）万歳、ムスリムのトルコ、地獄の業火《ごうか》だ（マドゥマク・ホテルに放火した炎を見て）」

国家原則としてのライクリキを完全に否定するスローガンである。この時期から軍部はイスラム主義の台頭に警戒を強めていく。

一九八〇〜九〇年代にかけて、この種の異様な襲撃事件は何度も発生したのだが、ほとんど解明されずに終わった。こういう事件がつづくことが次第に社会を不安に陥れていったことは間違いない。PKKとの戦闘も九四年から九五年にかけて、激しさを増していた（第7章参照）。

無策な政権の背後で、マフィア集団が警察や政治家と結託していたことが明らかになったのも九〇年代半ばのことだった。交通事故で大破した車の中にいたのが警察幹部とマフィアと中道右派政党の政治家だったことで、大スキャンダルとなったススルック事件（一九九六）である。当時、クルド問題の存在を指摘したジャーナリストなどが暗殺される事件が起き、当時のチルレル首相は「テロを終わらせる」と叫ぶばかりで事態は改善しなかった。「ディープ・ステート（トルコ語ではデリン・デヴレト）」が暗躍するという陰謀論が説得力を持つ時代だった。

イスタンブールやアンカラのような大都市の周辺には、農村部からの移住者が勝手に住み着いてしまった自然発生集落（ゲジェコンドゥ）*が覆いつくすように広がり、インフラの整備がなされなかったため、大気汚染はひどく、最悪の都市問題となっていた。所得格差の大きいことは都市部で一層目立つようになっていたのである。

（*ゲジェコンドゥというのは一夜で建てられた住宅の意味で、スラムというほど劣悪ではないが、インフラが整っていない貧しい家であった。）

一九九〇年代を通じて、経済は激しいインフレとトルコ・リラの下落、失業率の上昇に見舞われた。九四年から九五年にかけて、インフレ率は一〇〇％を超え、外貨準備は一年で七〇億ドルから三〇億ドルにまで減少した。九四年一月には一ドルが一万五〇〇〇リラだったのだが、四月には三万八〇〇〇リラにまで下落したと当時の報道は伝えている。毎年、新札が誕生して、桁が一つずつあがっていったことを覚えている。最後は、もっとも高額の紙幣が二〇〇〇万リラになっていた。ざっと一万リラが一円程度だったのである。

イスラム主義政党、福祉党の躍進

このような状況下で、一九九四年三月に統一地方選挙が行われた。全国での政党別得票率をみると、与党で中道右派の正道党が二一・四％、同じく中道右派の祖国党が二一％、そして三位にはイスラム主義政党の福祉党が一九・一％を得た。福祉党は五年前の地方選では九・八％の得票率だったから、大躍進を果たしたことになる。そして、ついにイスタンブールとアンカラという二大都市でも福祉党の市長が誕生したのである。このときイスタンブール大都市圏の市長に当選したのが、後に大統領となるレジェップ・タイイプ・エルドアンである。

九四年の統一地方選挙で福祉党が掲げたスローガンは、ミッリー・ギョリュシュ（Milli Görüş）とアーディル・デュゼン（Adil Düzen）だった。ミッリー・ギョリュシュというのは「ウンマ(イスラム共同体)の視点」という意味である。ふつうトルコ語のミッリーは「国民」の意味なので、「国民の視点」と言えばわかりやすい。しかし、これはエルバカン本人に聞いたのだが、彼らは西欧世界や日本でいうところの「国民」概念を強調しようとは思っていなかった。近代国家での、支配的な民族によって構成される「国民」は、イスラムにはない概念である。

イスラムを政治の主柱に据えていきたいと考えるエルバカンは、そこで、国民ともとれるし、ウンマともとれる用語としてミッリーという表現を使った。しかし、スローガンとしては頻繁に使ったものの、その中身がなんであるかには触れないという奇妙なものであった。

それに対して、もう一つのアーディル・デュゼンは、アーディルはもとがアダーレット(公正・正義)でデュゼンは秩序だから、「公正な秩序」を意味する。それまでの中道右派政権のもとで汚職が蔓延《まんえん》し、暴力の応酬がつづき、経済は破綻し、イスラムに対する敵意だけは頑として残る状況を「不公正」と見て、それを正そうじゃないかという意図を込めている。

これは、搾取された人びとの声を代弁していた。つまり、この選挙から、福祉党は敬虔《けいけん》で保守的なムスリムの政党から、弱者のための政党としての性格を強く打ち出したのである。政党の名前がRefah Partisi(福祉党)であるのもそのことを強く意識している。

ここでも、エルバカンは一種の誤読の可能性をあえて残している。トルコ語のrefah(レファハ)には、福祉の意味と繁栄の意味がある。英語にしたときに、欧米のメディアにはWelfare

Party（福祉党）と書いたところとProsperity Party（繁栄党）と書いたところがあった。これもエルバカンの側近に確めたが、福祉の意味だと断言した。繁栄では富裕層向けの政党に見えるじゃないかと笑っていた。福祉党の中枢は、中流以上の層の反感を買わないように、彼らには「繁栄」に見え、貧困層には「福祉」に見える党名を選んでいたのだろう。

当時の選挙キャンペーンで、彼らは「レファハ（福祉）が来ないとフズル（安らぎ）が来ない」と言っていた。だが現実の貧困層は、うたい文句だけではついてこない。もはや既存の政党が信用を失っているときに、彼らは、イスラム主義やシャリーア（イスラムの法体系）を前面に出そうとはしなかった。

福祉党の新しさ

世俗主義を支持する人びとは、最初からエルバカンの政党＝イスラム主義＝世俗主義の敵としか見ていなかった。しかし、福祉党はこの壁を突き破るために、具体的なプロジェクトを地域ごとに掲げて、実現を図ったのである。たとえば、イスタンブールやアンカラのような大都市については住宅問題と交通問題の解消をうたった。それ以外の地域でも、現実の問題を直視したスローガンを掲げた。たとえば、黒海地方のリゼやトラブゾンでは、当時、ソ連崩壊後になだれ込んでくる人びとが大きな問題になっていた。多くは、とにかく何でも売ろうとルス・

パザル(ロシアン・バザール)をつくった商売人たちだが、彼らのなかには、銃器や麻薬を売る者もいた。もっと重大な問題は、多くの女性がトルコ側で売春を始めたことだった。このことは、黒海地方の女性たちに激しい不満をもたらした。

福祉党は、徹底した戸別訪問を取り入れたトルコで最初の政党である。この選挙では、戸別訪問の際に、男性だけでなく、女性にも詳細な聞き取りをして、何に不満があるのか、何に喜びを感じているのか、何を望んでいるか、どんなテレビ番組をみているのか、新聞を読んでいるのか、情報をどこから得ているかなどを膨大なデータとして収集している。

この戸別訪問に女性を活用したことは重要である。そもそも、家にいる女性に質問するのであれば、女性党員が訪問しなければ会うことさえできない。このことが、トルコ史上、初めて、イスラム保守派の社会において女性の社会進出を促したのである。票の半分は女性である。ちなみにトルコの女性参政権は日本よりも早く一九三四年には実現した。しかし、女性票はたいていの場合、戸主である男性の言いなりになってきた。

福祉党は、そこを突き崩したのである。党に女性部門を設け、そこではヒジャーブを着用した(着用しない人もいた)女性たちが、積極的に声を上げ、ムスリマ(ムスリムの女性)としての問題を解決しようとしていた。それまで、女性の社会進出といえば、エリートで世俗的な家族の出身者に限られていたのだが、福祉党によって保守的な信者に拡大されたのである。これは、大きな社会変革をもたらした。女性の発言力の強化は、その後、公正・発展党の政権下でさらに進んでいる。

日本でかつて言われた「どぶ板」選挙は、トルコではきわめて近代的な手法として九〇年代半ばにイスラム主義政党によって採用されたのである。しかも、データ収集と分析の部分は最新の手法で行い、欧米の調査会社の指導を受けたと当時の福祉党幹部は私に語った。

選挙後、トラブゾンにもリゼにも福祉党の市長が誕生した。ルス・パザルは屋根付きのバザールとなり、市の監督官が不正な取引を監視した。売春は禁止された。旧ソ連からの人たちが殺到した空き地は、きれいな公園に整備され、市民の憩いの場となったのである。

一家の主人がこの政党と言えば、家族の全員が同じ党に投票していた時代は、これを期に終わりを告げた。中道右派の衰退は、このことと大いに関係している。従来、パターナリズムの恩恵を受けていたのが中道右派だからである。核となる政治的イデオロギーもなく、一言で言えば、党首のカリスマ性とそれに拍手する男性たちの「おやじ政党」でしかなかった。こういう政党が力を持てるのは、強力なリーダーがいて、その下にいればなんとかなると国民が信じる場合に限られる。だが、当時、そのリーダーたちが不正や汚職で堕ちていくのを目の当たりにして、誰もが愛想をつかしたのである。

初のイスラム主義政党と中道右派の連立政権

そして、一九九五年一二月に実施された大国民議会議員選挙では、第一党の福祉党が二一・四%、第二党の祖国党(中道右派)が一九・七%、第三党の正道党(中道右派)が一九・二%、第四党の民主左派党(世俗主義・左派)が一四・六%、第五党の共和人民党(国家主義・世俗主義)が一〇・七%の票を得た。一〇%を超えないと一議席も獲得できない制度になっているから、これら五つの政党が議席を分け合うことになった。この一〇%条項は、一九八〇年の軍によるクーデタ後に、イスラム主義政党の台頭を抑え込もうとした軍政権が考え出したものだが、九五年の総選挙でも一四%以上の死に票が出てしまい、民意が反映されにくい。現在は七%に引き下げられている。

選挙直後から、案の定、問題が噴出した。正道党出身のスレイマン・デミレル大統領は、軍が毛嫌いしている福祉党を避けて、第二党の祖国党の党首メスュト・ユルマズに組閣を命じた。ユルマズは第三党の正道党と連立政権を組んだが、議会での信任投票での得票が足りず、組閣はやり直しになった。

策が尽きたデミレル大統領は危ない橋を渡る決断をして福祉党のエルバカンに組閣を命じ、チルレルの正道党との連立政権が成立したのである。当時の二つの新聞の一面を比較してみると興味深い。これは連立政権が発足した後の、議会での信任投票の結果に関する報道である

(一九九六年七月九日)。伝統的にトルコの世俗主義をリードしてきた『ジュムフリーエット(共和国)』紙は「トルコ、福祉党に降伏」という悲観的な見出しである。イスラム系の『ザマン(時間)』紙は「新たな試練の時代」という見出しを掲げて、イスラム主義政党の躍進を手放しで喜ぶというよりも、慎重な書きぶりであった。

政権発足後、エルバカン首相が最初の外国訪問(一九九六年八月一〇~二〇日)にイラン、パキスタン、シンガポール、インドネシア、さらにはリビアとイスラム圏諸国を選んだことが国内に不安を掻《か》き立て、知識人たちは冷笑を浴びせた。本人は、それまで親米、親欧路線が決まりとなっていたトルコの外交に一石を投じた。イラン訪問では、天然ガスの輸入に道をひらいた。当時の世俗派の新聞は「イスラム・ガスが来る」という皮肉のような見出しをつけた。当時、世俗的な知識人たちは、なぜマレーシアやインドネシアのような国と付き合う必要があるのかと真剣に批判していた。

トルコの親西欧・世俗派の知識人は、世界を知らなかった。ヨーロッパに評価されると有頂天になり、批判されるとむくれるのだが、アジアやアフリカという地域にはまったく関心を示さなかった。当時、シンガポールだけでなく、インドネシアやマレーシアが急速に発展しつつあったことを知らなかったのである。

最後の「クーデタ」に至る道

軍部による激しい非難

軍は、エルバカンの福祉党がトルコ共和国建国の父アタテュルク以来の理念である世俗主義に反し、反動的（退行的）な行動をとり続けていると問題視し、攻撃の準備に取り掛かった。ただ、九五年の総選挙に際して、福祉党は前に書いた通り、極力、イスラムには触れなかった。そのため、過去の発言が問題視されることになった。

まず、福祉党の国会議員や市長たちが、各地で、シャリーアを礼賛し、「トルコではイスラムが生き残り、世俗主義は滅びる、イスラム運動は誰も止められない」と叫んでいる過去のビデオがメディアにリークされた。国務大臣を務めていたアブドゥッラー・ギュル（後の大統領）も、「ムスリムであることと世俗主義は共存できない！」と演説していたビデオが流出して攻撃の対象にされた。これらはいずれも九〇年代初期までのものだった。軍部は、決然たる姿勢で、かつ使えるものは何でも使って、福祉党とエルバカンを追い詰めていった。

当時のメディアは、新聞もテレビも、軍部からもたらされる情報を自ら検証することなく、そのまま流していた。後のエルドアン大統領の政権も二〇一〇年を過ぎたあたりから、メディア・グループをコントロールしていると批判されてきた。だが、一九九〇年代までは、軍がメディアをコントロールしていたのである。

ついに実力行使に出た軍部

一九九七年一月三一日、決定的な事件が起きた。アンカラ郊外のシンジャンという町で、パレスチナとの連帯を示すための「エルサレムの夜」という催しが開催された。パレスチナでイスラエル軍と戦う若者が殉教し、イスラムを軸に抵抗を呼びかける内容の劇が上演された。そのこと自体は、さして問題ではなかったのだが、舞台の背景にはハマスとヒズブッラーのリーダーの肖像が掲げられ、駐アンカラのイラン大使が招待されていたことが大問題となった。イラン大使は、イスラムによる反帝国主義をトルコ語で訴え、喝采《かっさい》を浴びた。

軍は、行動を起こした。二日後、市内に戦車を繰り出し、威嚇したのである。もちろん、砲撃したわけではなく、演習のように見せて戦車と装甲車の車列が市内を行進しただけだった。戦車は砲身の方向ではなく、わざわざバックで行進した。だが、誰が見ても、これは軍の実力行使、つまりクーデタの前兆だった。

福祉党政権は慌てた。政府と党本部の承認を得ずに、シンジャンの市長が勝手にイラン大使を招いてこのような政治的な集会を主催したことは党内から批判を浴びた。連立する正道党のメラル・アクシェネル内相は市長を解任し、劇団員とともに逮捕した。すでに、限界まで緊張が高まっているときに、これはあまりに危険な挑発だった。

野党は、福祉党がイランと政治的に連携していることの証拠だとして激しく非難した。当時、世俗主義を支持していた人びとは、口々に、世俗主義と民主主義は一体であり、それがトルコ共和国の根幹、すなわち「不可分の一体性」の基盤だと主張した。この主張は、民主主義は世俗主義なしには実現できないという確信に基づいている。ただし、同時に、世俗主義の守護者である軍がそれを守ってくれるという期待と結びついていたのである。

だが、軍が政権に干渉すれば、世俗主義は守られても、民主主義を守ることはできない。民意はイスラム主義政党に最も多くの票を与えていた。世俗主義支持の国民と野党勢力は、この点を見誤っていた。

窮地に立たされたイスラム主義政党

過去のクーデタを生き抜いて大統領にまで上り詰めた老練な大統領デミレルは、軍の怒りを軽視しなかった。エルバカン首相に書簡を送り、世俗主義に関する法を遵守し、政府機関から「根っからの宗教屋(=極端なイスラム主義者)」を排除することを指示した。ギュヴェン・エルカヤ海軍司令官は、「もはや反動主義者はPKKよりも危険な存在だ」と発言した。

軍はイスラム主義者という表現を避けていた。軍がよく使ったのはdinci＝宗教屋、もしくはirticacı＝反動主義者だった。国民の大半がムスリムである以上、イスラム主義者＝İslamcıという表現は避けていたのである。

エルバカン首相は、沈静化を図った。「トルコは世俗国家であり、世俗国家であることには何の不満もない。世俗主義（ライクリキ）を宗教に対する敵対として利用する輩に問題がある」と党の会合で発言している。福祉党内には、ライク（世俗的）であることとムスリムであることは両立しないという意見が多数であった。首相自身も、両立しないと考えていたはずだが、政治家としてのエルバカンは現実を重視する人だったから、こう発言したのである。

当時、私はエルバカン首相と何度か面談したことがある。彼は、イタリアのブランド、ヴェルサーチだったと思うのだが、いつも非常に派手な柄のネクタイを締めて、完全に西洋風の服装で登場する。西欧諸国の指導者がヴェルサーチのネクタイをするとは思えなかったのだが、この服装は彼のプラグマティズムのアピールだった（章扉写真）。

あるとき、彼は、日本からの投資拡大について私に質問した。具体的に証券会社の名前を挙げて、その会社をどう思うかというのである。日本の証券会社が扱う金融商品は、もとよりイスラムとは無縁であり、利子、先物取引（不確かな取引）、投機的取引のすべてを網羅しているのだから、イスラムを重視するあなたにとって適切ではないだろうと私は答えた。すると、エルバカンは、「まずはトルコだよ、イスラムは二の次だ」と返したのである。

私は驚いた。確信したイスラム主義の政治家だと思っていたのだが、首相としての彼は、イスラムの規範より国家の利益を優先すると断言したからである。エルバカンの外交政策は、アメリカ帝国主義を批判し、最初の訪問先はイランやリビアであったから、どこまでプラグマティックなのか、それともイスラム主義を貫こうとするのかは外から見ているとわかりにくかった。それに、G-7に対抗するようにD-8というムスリム諸国の首脳会議を計画するなど、西欧と張り合おうという姿勢を示していた。

二〇〇一年の「9・11」後、欧米諸国の方がイスラムと聞いた途端に反感をあらわにするようになったが、九〇年代の半ば、イスラム主義への反感はトルコ国内で強く、意外にも、欧米諸国は彼の置かれている状況とパフォーマンスを中立的に評価していた。「9・11」以前、欧米側からトルコへの批判は、もっぱらトルコ民族主義の右派勢力が、クルド人や左派の労働運動、学生運動を力で弾圧していることにあった。つまり、軍部の政治的影響力が強いファシズムの国と見ていたのである。トルコで急速にイスラム主義が台頭していたことについての懸念は、相対的に低かったと言ってもよい。

デミレル大統領はエルバカン首相に対して書簡を送って、世俗主義に関する原則を遵守し、イスラム過激派を取り締まることを求めた。軍のトップは「いまやPKKよりも反動主義者(イスラム主義者のこと)の方が危険である」との見方で一致していた。福祉党とエルバカンに対する包囲網は狭まった。

そして一九九七年二月二八日一五時一〇分の国家安全保障会議を迎えるのである。議題は「反動主義者の問題」だった。当時の関係者の証言によると軍部は、反動主義の根源は福祉党だと政権を激しく非難した。これに対して、エルバカンは「いや、そんなことはありません」と言葉を選びながら、のらりくらりと追及をかわしたと、アクシェネル内相は語っている。最後に、軍部は一八条の要求を政府に突き付けた。なかでも重要とされたのは、以下の五項目である。

①基礎教育を八年連続(初等教育と中学を合体)にして、イマーム・ハティプ・リセ(イスラムの導師・説教師を養成する学校)の中学部を廃止させること。

②コーラン教室はすべてトルコ政府宗務庁のもとに置き、無認可のコーラン教室を禁止すること。

③タリカット(スーフィー教団や特定指導者に率いられる信徒組織)は閉鎖させること。

④服装法（西洋風の服装にする、公的空間でのヒジャーブ禁止、顎鬚《あごひげ》にターバンなどの禁止）を遵守させること。

⑤イスラム金融やイスラム系企業団体の活動を規制すること。

しかしエルバカンはしぶとかった。軍が突き付けた一八条のなかで、後に実現したのは、①の基礎教育八年だけである。一八条の要求を突き付けたことが、最後のクーデタとか、ポスト・モダンのクーデタと呼ばれるのだが、軍の対応も与党の対応も、それまでとは異なっていた。

当時の大学では、エルバカンの論理に耳を傾けようものなら反動主義者のレッテルを貼られることは間違いなかった。当時、世俗主義の牙城でトルコのエリート官僚を輩出してきたアンカラ大学の政治学部では、教員たちがトルコの現状について次のように語っていた。

「トルコは世俗国家である」

「宗教は国家の公的領域に出てはならない。私的生活の中だけにとどめなければならない」

「トルコは民主主義国家である」

「我々はヨーロッパ人である」

「スカーフ（ヒジャーブ）を着用するような女性は、イスラムを政治利用しているのだ」

「イスラム主義者はトルコをイランのような専制国家にすることを狙っている」

しかし、市民の反応は、そんなに単純ではなかった。すでに、第一党の座を得ていたのは福祉党である。

「ムスリムがイスラムの道徳を重んじるのは当然。ならば政治家がイスラムを重んじるのも当然」

「中道右派も社会民主勢力も、汚職だらけじゃないか」

「金持ちばかりがますます豊かになり、貧しい人はますます貧しくなるなんて、おかしいじゃないか」

こういう声が日増しに大きくなったのは、トルコ人が外からの影響でイスラムに傾斜したからではない。最大の原因は、地方農村から大都市に流入を続けた貧困層が、都市エリートと自分たちの格差を目の当たりにしたことにある。それまで、貧しさは知っていても、豊かさというのは農村部の支配者であった地主層の暮らしを垣間見る程度だった彼らは、まったく異なるトルコを見てしまったのである。

彼らは都市周縁に粗末な家(ゲジェコンドゥ＝一夜造りの家)を建てて勝手に住みついたのだが、登記のない土地と建物には、何のインフラもなかった。中道右派政党は選挙のたびに質の悪い褐炭を配り、左派政党は、都市問題はトルコ最大の問題の一つだと言いながら座視しつづけた。彼らの粗末な家を一軒一軒訪ねて歩き、何を改善してほしいか丹念に聞き取っていたのは、イスラム主義政党の福祉党だけだったのである。

軍の政治介入とイスラム主義の相克

エリート層のなかにも、エルバカンのイスラム主義は嫌いだが、クーデタをちらつかせて政党を威嚇する軍のやり方もよくないと見る人びともいた。新聞記事には、イスラム主義の福祉党を批判しつつ、同時に、クーデタを牽制《けんせい》する記事が増えていた。九〇年代に大都市で生活していた三〇代以上の人びとにとって、軍が、一歩ずつ政治の舞台に出てくるというのは、一九八〇年九月一二日のクーデタを想起させたのである。完全な軍政下におかれ、言論、集会の自由も完全に否定された悪夢が蘇った。

九〇年代まで、イスラム主義はアタテュルクの理念に反し、国家原則を壊すので、国家から排除すべきだという主張はかなり有力だった。だが、この主張をする世俗派の人びとのなかには、選挙で排除できなければ、最終的には軍が実力行使(クーデタ)で排除してくれることを期待する人も存在した。ごく大雑把に言えば、「イスラム政権でよい」「イスラム政権は嫌だが軍がクーデタを起こすのも嫌」「イスラム政権よりはクーデタで軍が政治を立て直す方がよい」、という三つのあいだで世論は分裂していたことになる。

軍は、一九九七年二月二八日、政権に最後通牒《つうちょう》のような一八条の要求を突き付けながら、裏では国民の動向を注意深く探り、必ずしも国民がついてこないことに気づいていた。だからこそ、実力行使をためらい、世論操作という軍としては不慣れな方法で、政治を変えようと試みたのである。

ここまでが「最後のクーデタ」の顚末《てんまつ》である。九七年六月、エルバカンは首相を辞任し福祉党＋正道党の連立政権は崩壊した。

続く軍の強硬姿勢

デミレル大統領は、最大野党だった祖国党のメスュト・ユルマズに組閣を要請した。その結果、中道右派の祖国党、左派の民主左派党、そして正道党から分離した中道右派の民主主義者トルコ党の連立政権（一九九七年六月三〇日〜九九年一月一一日）が成立した。だが、軍はユルマズ首相に対して、前政権に突き付けた一八条の要求を履行するよう強く求めた。さらに、国内治安について軍が警察と一体化するための合意を求めたのである。これは、軍と内務大臣との間に交わされる合意であり、軍は県知事の許可を得ずに、自分で治安維持に乗り出せることになる。トルコの内政にとって、シビリアン・コントロール（文民統制）の一部が崩れることを意味していた。首相となったユルマズはこれに反対したが、軍の姿勢は強硬だった。

福祉党を排除した政権ができても、軍は政治への介入をやめなかったのである。

第3章　エルドアン政権への道——障壁と功績

2002年11月3日の総選挙での大勝利を受けて会見する、左からアブドゥッラー・ギュル、レジェップ・タイイプ・エルドアン、ビュレント・アルンチ

「反動主義」と民意

軍は「クーデタ」後も政治介入を継続

一九九七年二月二八日に、軍が国家安全保障会議の席でイスラム主義者の首相、エルバカンの「反動主義＝イスラム主義」を非難し、一八条の改善を要求したことは、象徴的に「最後のクーデタ」とされている。しかし、軍はエルバカン退陣後のメスュト・ユルマズ首相（中道右派の祖国党）内閣に対しても、介入をつづけた。これはトルコの民主主義にとって深刻な問題であった。軍にとって気に入らない状況を、軍事力を行使せずに、変えさせようということになるからである。

軍は「八年間の切れ目のない基礎教育」の実現だけでは満足しなかった。イマーム・ハティプ・リセの出身者は、大学のイスラム神学部のみに進学できるようにしろという要求は満たされていなかったからである。当時の世俗主義派は、保守的なムスリムを公的領域から疎外することに非常に強い信念をもっていたことを覚えている。私の見るところ、当時の世俗主義者は、第一にイスラム主義の台頭を拒否しようとしていた。そして第二に、抑えきれないのであれば、イスラム主義者を公の領分から排除しようとしていた。だが、これでは社会に分断をもたらすだけである。

トルコの刑法は「階級、民族(人種)、宗教、宗派、地域の違いを理由に憎悪や挑発を行う行為」(第三一二条の二項、現在は二一六条)に対して、一年から三年の禁固刑を科すとしている。世俗主義者の側は、イスラム主義政党が社会に対して憎悪や挑発を行っているとし、それが憲法第二条、第三条に規定される国家の「世俗主義」と「不可分の一体性」の原則に反すると考えていた。

だが、確信的なイスラム主義者だけでなく、一般のムスリム保守層にとっても、世俗主義者の方が、宗教を理由に自分たちを排除しているように見えていた。トルコが世俗国家であることと(憲法第二条)、不可分の一体性(同第三条)をもつことは、憲法第四条で「改正不可」とされている。したがって、この時点では世俗主義者、すなわち福祉党のようなイスラム主義者を拒否する勢力こそ「憲法上正しい」とされていたのである。

ユルマズ首相は、なおも抵抗を試みた。ユルマズは当時のテレビ番組(一九九八年三月二〇日、Siyasi Meydanı)で次のように語っている。

「軍は私に、反動主義者を国家機関から追放する役目を押し付けるが、できるはずがない。反動主義者でさえ選挙で勝ち、政権を担当するのである。そんなことをしても、彼らは行政訴訟を起こして復帰する。私が法の支配のもとで首相を務める限り、軍が主張するように反動主義者を一掃するなどということは不可能なのである」

だが、軍はこの姿勢に激しく反発し「テロと戦い、反動主義と戦うのはトルコ国軍の法律上の義務であり、決してあきらめることはない」という「通達」を陸海空、ジャンダルマ（治安部隊）司令官と参謀総長全員の署名のもとに公表した。軍が政治に干渉するときにしばしば使ったのは「覚書（メモランダム）」である。メモランダムというのは、トルコの政治と軍の関係を考えるとき、軍側の重要なツールとして登場する。あくまで覚書だが、軍の姿勢や決意を国民に向けて示すものなのである。ただし、このころから、国民が必ずしも軍の意向についてこないことも、軍は知っていた。この「通達」は、直接的に軍の決意表明を示すものだった。

福祉党閉鎖の危機から公正・発展党へ

もう一方の当事者、福祉党とエルバカンたちにも危機が迫っていた。一九九七年五月二一日、共和国高等検察庁の主任検事ヴラル・サヴァシュが福祉党の閉鎖を求める訴えを憲法裁判所に起こし、一九九八年一月一六日、憲法裁判所は閉鎖を決定したのである。憲法裁判所長官のアフメット・セゼルは、福祉党がトルコを世俗国家と規定する憲法第二条に違反したので閉鎖すると述べた。このときのエルバカンのコメントも、意外なくらい、対立を煽《あお》ろうとしていない。

「この判決がどんなにひどい間違いであっても、法治国家においては誤りも含めて決定には従う。我々は、これまで以上に、決定に対して平和的に冷静に対処する」

しかし、共和国検察庁、憲法裁判所、国家治安裁判所などが一体として政党の閉鎖を決定する司法制度に対して、当時の福祉党の幹部は、これを改革するという強い決意を秘めていた。この点は、後のエルドアン公正・発展党政権において実現されることになる。

イスラム政党の変遷

国民秩序党(MNP)	1970年1月結党、71年5月閉鎖*
国民救済党(MSP)	1972年10月結党、81年10月閉鎖**
福祉党(RP)	1983年7月結党、98年1月閉鎖
美徳党(FP)	1997年12月結党、2001年6月閉鎖
幸福党(SP)	2001年7月結党〜
公正・発展党(AKP)	2001年8月結党〜

*、**二つの政党の名称についている「国民」はトルコ語ではMilliで、ふつうは国民と訳すが、イスラム主義政党がこの語を使うときは、トルコ国民という狭い意味ではなく、イスラム信徒の共同体であるウンマの意味だとも解釈できる。第2章参照。

トルコの政党のなかで、イスラム政党とクルド政党は、何度も憲法裁判所によって閉鎖させられてきた。上の表はイスラム政党の変遷だが、最初の国民秩序党から美徳党までは、同じエルバカンを指導者としてきた政党である。手回しがよいのだが、潰《つぶ》されそうになると、次の政党を結成している。一九九七年一二月一七日、福祉党の後継にあたる美徳党を結成したが、エルバカンをはじめ何人かは五年間にわたって政治活動を禁じられた。だが、この政党も憲法裁判所によって二〇〇一年六月二二日に閉鎖される。さらに後継の幸福党が二〇〇一年七月二〇日に結党された。この政党は現在まで存続している。そして、美徳党の閉鎖と前後して、現在の与党、公正・発展党が二〇〇一年八月一四日結党されたのである。

政治家エルドアン──スター誕生

イスタンブール大都市圏市長エルドアンの逮捕と収監

イスタンブール大都市圏市長を務めていたレジェップ・タイイプ・エルドアンは、二〇人のイスラム系経済団体の実業家と共に、一九九七年一二月六日、彼の妻エミネ・エルドアンの生家であるシイルトを訪問した。この時、彼は後に閉鎖させられる福祉党に所属していた。エルドアン待望論はすでに全国で高まっていて、シイルトの共和国広場に集まった約五〇〇〇人に向けて演説を行った。この演説では、「タイイプ首相」や「国はあなたを誇りに思います」などのスローガンが唱えられた。エルドアンの演説はしばしば「アッラーフ・アクバル」という叫びで中断された(『ヒューーリエット』紙、一九九八年一〇月二〇日)。

一九九八年四月二二日、この演説が刑法第三一二条の二項「宗教や民族等の違いによって国民の憎悪と敵意を公然と扇動した罪*」にあたるとして禁固一〇か月の有罪判決を受けた。訴訟を提起したのは、ディヤルバクルの国家治安裁判所の検事だった。一九九九年三月二六日にはイスタンブールの西にあるプナルヒサル刑務所に収監され、その後、刑期が短縮され七月二四日に釈放されるまで四か月を過ごした。だが、その後も政治活動を禁じられた。この年の四月一八日には市長を選ぶ地方選挙が予定されていたから、彼の収監はイスラム主義者のリーダーを選挙から遠ざけるためでもあった。しかし、彼らの勢いを止めることはできなかった。

（＊二〇〇二年二月、法四七四四号による改正で、この扇動の部分は「公共の秩序を脅かすレベルでの扇動」に改正された。そのレベルに達しなければ罪とされなくなったのである。その後、二〇〇四年の改正でこの条項は刑法第二一六条となったが、依然として言論の自由を規制する根拠として使われている。）

二〇〇二年一一月三日の大国民議会議員選挙で公正・発展党が圧勝した後、野党の共和人民党も含めて、エルドアンの復権を議会が決議し、二〇〇三年三月九日に実施された補選で当選し、一四日に首相として政治の舞台に復帰することになったのである。

この演説は、その後のエルドアンという政治家の運命と方向性を決定づけることになった。重要な部分をここに紹介しよう。

「トルコには思想の自由がない。差別が行われている。我々が参照するのはイスラムだ。彼らは決して私たちを威嚇することはできない。西洋人でさえ信仰の自由を持っている。なぜこれがトルコで尊重されないのか？

『ミナレットは我らの銃剣であり、(モスクのドームは)我らの兜《かぶと》である。モスクは我らが兵舎である。信徒が兵士である』

誰も祈りの呼びかけ(アザーン)を黙らせることはできない。福祉党は、トルコの差別に終止符を打つ。

私たちは道を外れない。天が開けている場所で、洪水や火山が私たちを襲ったとしても、私たちは道を引き返すことはない。私の参照基準(規範)はイスラムである。それを口にできないなら、いったい生きる意味は何だろうか? 西洋人にさえ信仰の自由がある。ヨーロッパでは、礼拝や女性の被り物が尊重される。しかし、トルコでは妨害される。トルコでこれが尊重されないのはなぜなのだろうか?

人びとにとって屋根となるのがイスラムだ。誰もアザーンを黙らせることはできない。なぜなら、アザーンを沈黙させる場所では、人びとは平和にならないからである。(アザーンが読誦される場では)クルド人、アラブ人、チェルケス人は差別されない。すべての人が団結する屋根こそイスラムだからである。トルコにおける民族差別(レイシズム)を確実に終わらせる。こんな状況にした人びとを後悔させてやるのだ。(後略)」

当時、『ミナレットは我らの銃剣……』の部分は、トルコ建国期の思想家・詩人のズィヤ・

ギョカルプによる詩の一部だとされていたが、これについては異説もあるのでここでは深入りしない。誰の原作であれ、この文言はエルドアン自身のものではない。そしてそれが刑法第三一二条の二項「階級、民族(人種)、宗教、宗派、地域の違いをもとに憎悪と敵意の増幅を扇動する罪」にあたると判断された。

前後を含めて読むと、彼はトルコの現状に差別があると主張している。原文の文言どおりだと、「民族差別」の意味だが、英語のレイシズムと同様に、狭い意味での民族や人種の差別を指しているわけではない。逆に、刑法の条文の方が、民族、宗教、宗派と具体的に示していることからわかるように、ここでは、エルドアンは「宗教」を理由に差別されたと主張し、世俗主義を代表する検察側は「宗教」を利用して社会に敵意を増幅させたと主張していたのである。

法廷でのエルドアンの証言も同じだった。自分がこれまでにしてきた行為は、すべてイスラムを参照しつつ自ら正しいと判断して行ったという趣旨である。彼は、一見すると、自分の行動は道徳的に正しいと述べただけのようだが、実は、トルコの世俗的な法体系に挑戦した発言であった。そのためトルコの世俗主義原則に忠実な判事は、彼を有罪にしたのである。

エルドアンが有罪を受け入れ、刑に服したことで、逆に彼の政治家としてのカリスマ性は急速に高まった。彼もそのことを読んでいて、上級審に控訴しなかったようだ。保守的なムスリムでもなければ、確信的なイスラム主義者でもない、むしろイスラムの政治化を嫌っている人びとまで、彼を民主主義のスターのように見始めた。

これは、当時の時代の空気を知らないとつかみにくいのだが、国民の多くは、それまでの中道右派の堕落と腐敗には心底飽き飽きしていた。民主左派党や共和人民党の支持者にも当てはまる。冷戦の終焉《しゅうえん》を経て、左派はトルコでも急速に力を失っていった。教条的なアタテュルク主義を柱とする共和人民党にも付いていけないと感じる市民が増えていった。そして、数としてははるかに多い中道右派の支持層は、反イスラムではなかった。彼らが雪崩を打ったようにエルドアンという若い実力のある政治家に引き寄せられるきっかけとなったのが、演説を理由に訴追され収監された事件だったのである。

当時、イスラム系の新聞の『ザマン』(一九九八年八月一八日)が「アムネスティ・インターナショナルからエルドアン支援」という記事を載せている。国際人権団体のアムネスティ・インターナショナルのピエール・サネ事務局長が、トルコの法務省に書簡を送ったのである。サネ事務局長は、詩の文言には暴力的な要素も暴力を唆《そそのか》す要素もなく、思想と良心の囚人にあたると批判している。エルドアン市長が詩の文言を理由に訴追されたのは欧州人権条約に違反するという趣旨である。サネは、後にユネスコの人文・社会科学セクターで事務局長補を務め、人種主義、民族差別、排外主義などに反対するダーバン会議をリードした人物として知られている。西アフリカのセネガル出身の彼は、西欧的な価値と差別の問題を冷静に見極める人物だった。当時、言論の自由を厳しく制限していたのは、世俗主義の守護者を自任する軍部と司法、特に憲法裁判所と共和国検察庁だったことは間違いない。

イスタンブール大都市圏市長としての業績

レジェップ・タイイップ・エルドアンがイスタンブール大都市圏市長の座にあったのは、一九九四年三月二七日から九八年一一月六日までの四年半ほどであった。その後のイスタンブールの目覚ましい発展は、同じ公正・発展党のカディル・トプバシュ市長（二〇〇四年四月一日〜一七年九月二二日）によって引き継がれ実現された。彼は元々エルドアンのもとで秘書を務めていたが、マルマラ大学のイスラム神学部を出てからミマル・シナン工科大学で建築を学んだ人物である。この二人によって、イスタンブールは、「重病人」から蘇生《そせい》したと言ってよい。

当時のイスタンブールが巨大都市として抱えていた問題を列挙してみよう。

①上水道問題（水の供給が追い付かず、頻繁に断水）
②ゴミ収集（地区によってはゴミだらけで不衛生）
③下水道の未整備で金角湾のあまりにもひどい汚染（近づくこともできない）
④大気汚染（排気ガスと冬季の暖房用の粗悪な石炭の使用）
⑤交通大渋滞（ボスポラス海峡を渡るにはフェリーと橋一本しかない。アジア側からヨーロッパ側に

通勤するには二時間以上を要した）

⑥ゲジェコンドゥ（自然発生集落）住民が都市人口の過半数を占めていたこと。

エルドアンは市長だった時も、首相になってからも、まず庶民の意向を汲みとって政策につなげた。それを都市計画に取り込み、さらに建設業者が計画を実現したのである。最後の部分は、これらの都市問題をどうビジネスにつなげるのかと深く関わっている。後に取り巻きの企業を優遇したと批判されることになるが、九〇年代当時、ローカルな実業家でしかもイスラム保守派に属する人びとには仕事が回ってこなかったのである。大きな事業はそれまで伝統的に大財閥が仕切ってきた。それを打開したのが保守的なムスリムから成る新興企業家たちだった。

過去二〇年のあいだに、これらの課題のかなりにおいて改善がみられた。水道については、水源の確保を含めて格段に問題は少なくなった。ゴミが街中に散乱することもなくなった。金角湾は驚くほど水質が改善され、その周辺の歴史的地区を訪れる観光客も増えた。大気汚染は、天然ガスによる都市ガス網が整備されたことで格段に改善された。だが、なにより、大きな問題だった交通渋滞とゲジェコンドゥ問題が進展したことの意義は大きい。市長時代から引き続きこれらの問題解決に取り組んだ成果がエルドアン政権を二〇年にわたって存続させる原動力となったのである。

イスタンブールの交通渋滞から庶民を救った

交通問題については、ヨーロッパ大陸側とアジア大陸側を海底で結ぶマルマライ(近郊列車)が二〇一三年に開通したことは大成果であった。さらに地下鉄と郊外鉄道網の拡充、そしてなにより画期的であったのは、メトロバスの開通だった。メトロバスというのは、長い車体のバスを連結した状態で、特定の車線だけを通行させる交通網である。ヨーロッパ大陸側ではイスタンブールの西に延伸し、アジア側にも延伸を続けている。このメトロバスを通すには、少なくとも片側二車線の広い自動車専用道路が必要である。幹線道路では片側三車線の中央二車線をメトロバスにあて、分離帯をはさんで対面通行するようになっている。

最初にこの交通網ができたとき、自家用車で通勤していた中流以上の人たちは大いに不満だった。車線が一つ減るため、余計に渋滞がひどくなるからである。真ん中の車線はメトロバス専用レーンであって、一切、他の車両が割り込むことはできないように遮断されたのである。そのため、まったく渋滞なく巨大都市イスタンブールの郊外と都心部が結ばれた。庶民は、この新交通システムを大歓迎した。地下鉄に比べると、はるかに建設費用がかからない。幅の広い自動車専用道をつくるにあたって、トルコの土地の多くが公有地であり、用地買収にコストがかからなかったことが幸いした。これらの交通網の拡大だけで、イスタンブールとその周辺に暮らす低所得層にとって、日々のストレスは格段に軽減された。

貧困層向けの公共住宅供給

最も大きな貢献は、貧困層向けの公共住宅群をＴＯＫİ（当時は首相府直属の公共住宅局）が供給するシステムを構築したことである。公共住宅建設の政策は一九八〇年代のオザル政権下で推進されたが、財源に事欠いていたため、なかなか進まなかった。福祉党以降の政権では、地方から大都市に移住した人びとが「勝手に住み着いた」ゲジェコンドゥをどうするかが最大の課題だった。勝手に住み着くことができたのは、多くが公有地だったからである。私有権が設定されていない土地に、村の家のような住居を次々に建て、そこに住み着いたのである。この場合、土地も建物も登記されていないから、電気、水道、道路などのインフラの整備が制度上できない。一九七〇年代から九〇年代までのあいだに、恐ろしい勢いでこの自然発生集落が拡大し、都市人口の半数以上を占めるという異常事態になったのである。

これを解決したのがエルドアン政権だった。ＴＯＫİが公共住宅を建設し、ゲジェコンドゥに住む人びとを低価格でそこへ移らせていく。それまでゲジェコンドゥが建っていた用地は地元の自治体が買い取ることもできるし、民間デベロッパーに売ることもできるから、建設業者にとっては大きな開発プロジェクトを実施するチャンスとなった。

以上は、エルドアン政権がなぜ二〇年も長続きしたのかを庶民の目線から見たときの答えである。多くの貧困層がまともな暮らしができるようにした、ということに尽きるのである。日干しレンガの家に住み、トイレは家の外、風呂もなく、電気もなく、水道もなく、道路は未舗装――それが九〇年代までの村落部の姿だった。都市部のゲジェコンドゥ地区の住民は、周りが農地ではないだけで、ほぼ、同じ暮らしをしていたのである。そのうえ、トルコの場合、大都市の周辺はたいてい丘であり、ゲジェコンドゥは丘の斜面に集中していた。そのため、豪雨になると丘の斜面がゲジェコンドゥごと滑り落ちるという事故も後を絶たなかった。

それが清潔な「マンション」に移り住めることになった。電気も上下水道も完備され、都市ガスもあり、道路は舗装されている住空間に移ることが、どれだけ大きな意味をもつか、都市部に暮らすいまの若い世代にはなかなか実感がわかないかもしれない。私自身も、二〇〇〇年代に入って急速にゲジェコンドゥが消失していったのを見て驚いた。何十年も、問題だ、問題だと言われ続けて、どの政党も、どの市長もなんら改善ができなかったからである。

一九九九年という困難な年

総選挙で左派と極右の連立政権が成立

一九九九年四月一八日に大国民議会議員選挙(総選挙)が実施された。この選挙で、建国の父アタテュルク自身の政党として、たえずトルコ政治の中枢にあった共和人民党は初めて議席を失った。中道右派の祖国党と正道党も後退、イスラム主義の美徳党も、九七年の「最後のクーデタ」の余波で票を減らしている（表参照）。

第一党に躍り出たのは左派の民主左派党で、党首のビュレント・エジェヴィトが首相となった。連立相手は、第二党の極右、民族主義者行動党と、第四党となった祖国党である。

1999年総選挙における各党の得票の割合

民主左派党（DSP）	22.2%
民族主義者行動党（MHP）	18%
美徳党（FP）*	15.4%
祖国党（ANAP）	13.2%
正道党（DYP）	12%
共和人民党（CHP）	8.71%
人民民主党（HADEP）**	4.75%

＊イスラム主義政党、福祉党の後継。
＊＊クルド政党。

オジャラン逮捕の衝撃

この選挙で左派と極右が勝利したのには、明らかな理由があった。それは、その年の二月に、トルコからの分離独立を主張してトルコ軍と激しく戦ってきたＰＫＫ（クルディスタン労働者党）の首領アブドゥッラー・オジャランの身柄拘束に成功したからである。そのときの首相もエジェヴィトだったので、あっという間に彼とその政党への支持は拡大した。政策が評価されて勝利したのではないことは、第二党に躍進したのがトルコ民族主義の極右政党だったことからもわかる。

トルコ、クルド双方に四万人ともいわれる犠牲者を出した武装闘争の主役オジャランの拘束に国民（もちろん民族的トルコ人の側である）は熱狂した。

彼が拘束されたのはトルコ国内ではない。ケニアの首都ナイロビだった。その前年まで、オジャランはシリアにＰＫＫの拠点や訓練キャンプ、兵站《へいたん》基地を置き、そこからトルコ側に出撃して軍と交戦していた。当時、一般のトルコ人がシリアを毛嫌いしていたことを覚えている。大多数のトルコ人の頭の中では、シリア＝テロ組織支援国であった。この点は、現在も変わっていない。

一九九八年になると、トルコのアッティラ・アテシ陸軍司令官が、シリアのハーフィズ・アサド大統領（現大統領バッシャール・アサドの父）に対し、ＰＫＫの活動を止めなければシリアに軍を進めると警告した。両国の緊張が高まるなか、アメリカのビル・クリントン大統領とエジプトのホスニ・ムバラク大統領が仲介に入った。ムバラクは、アンカラを訪問してトルコ政府がシリアへの侵攻も辞さない決意であることを理解し、その足でシリアの首都ダマスカスを訪問し、アサド大統領と会談し、アサドもオジャランの追放を決めた。同年一〇月二〇日の「アダナ合意」によって、オジャランとＰＫＫのシリアからの追放が合意されたのである。トルコ共和国とシリア・アラブ共和国両国によるテロとテロ組織に対する共同対策の合意である。この合意により、ＰＫＫに対して、シリアでの行動は阻止され、拠点の設置、兵站、教育、輸送、武器の保管などが禁じられることになった。

オジャランは、その少し前、一〇月九日にシリアから追放されていた。彼は最初ギリシャに向かい、その後ロシア、イタリア、再度ロシアのモスクワ、ギリシャのアテネと転々とし、ケニアの首都ナイロビにあるギリシャ大使館で一三日間過ごしたあと、アメリカ政府からの情報でオジャランの行動をつかんだトルコ国家情報機構(MİT)により、一九九九年二月一五日、ナイロビ空港で身柄を確保された。送還の機内ですぐに目隠しをされたオジャランは、トルコ領空に達してから目隠しをはずされた。国家情報機構職員の第一声は記録が残っている。「アブドゥッラー・オジャラン、祖国へようこそ」であった。二月一六日午前三時、トルコのバンドゥルマ空軍基地に到着して、彼の捕縛作戦は終了した。

エジェヴィト首相は、早朝、自らオジャランの逮捕を全国民に伝えた。実際の作戦はエジェヴィトが指揮したわけではなく、アメリカ政府の細かい指示に基づいてトルコ国家情報機構が実施したとされているのだが、エジェヴィトは一夜にして英雄となった。それが四月の総選挙でのエジェヴィトの民主左派党躍進をもたらしたのである。

死刑か、終身刑か

しかし、政府は、すぐに難題にぶつかる。同じ一九九九年の一二月、フィンランドのヘルシンキで、EUの最高意思決定機関である欧州理事会(European Council, 首脳会議)が開かれた。そこで、トルコを正式に加盟候補国とすることが決定されたのである(第4章参照)。

「欧州理事会は、欧州委員会(European Comission)の進捗《しんちょく》報告書で指摘されているように、トルコにおける最近の前向きな進展と、コペンハーゲン基準の遵守に向けた改革を継続する意向を歓迎する。トルコは、他の候補国に適用されるのと同じ基準に基づいて、連合に参加する候補国となる」(ヘルシンキ欧州理事会、一二月一〇、一一日、議長報告より)

そして、今後、加盟交渉開始を決定するために政治的、経済的な進捗が要求されるとし、その中心となったのは人権問題の進展、なかでも最重要課題は「死刑制度の廃止」であった。

トルコは、オジャランの逮捕・起訴の興奮から目を覚ます時が来たのである。オジャラン裁判の判決は、一九九九年六月二九日に出たが、言うまでもなく「死刑」であった。オジャランの弁護士たちは、減刑を求め、オジャランも遺族に謝罪した。オジャラン自身、裁判の場で「自分を生かしてもらえるなら、クルド問題の平和的な解決のために貢献する」と発言した肉声が残されている。クルド人の多い東南部地域は静かだった。騒いで警察に隙を与えてはリーダーの判決に悪い影響を与えると、目立った抗議や破壊活動はしばらく起きなかった。

政府は困惑した。欧州人権裁判所は死刑に強く反対の立場だった。EUも反対である。国内では民主左派党が躊躇《ちゅうちょ》、祖国党は死刑に消極的、軍部は沈黙を守っていた。エジェヴィトも祖国党のユルマズも死刑制度を廃止する意向だったが、連立の一角を担う極右の民族主義者行動党だけは死刑を主張した。党首のデヴレト・バフチェリの説得は困難を極めた。

しかし、最終的に、バフチェリは、オジャランの死刑執行延期に同意し、トルコはその後、エルドアン政権のもとで、死刑制度そのものを廃止した。

当時、トルコ国内にあったオジャラン死刑判決への躊躇は、EU加盟がなくなるということより、死刑にしてしまうと九〇年代の血まみれの抗争が再び全国を襲うのではないかという恐怖だった。この恐怖は当たっていたと思う。九〇年代を通じて悲惨な衝突を繰り返した結果、PKKではないクルド人のトラウマをいかにして緩和するかが必要だった。オジャランを死刑にしていたら、クルド人の信頼回復は二度とできない。だが、最高裁判所は一一月、死刑判決を支持した。政府は執行を延期し、国会に死刑制度廃止の法案を提出し承認された。ちょうどその時、EUがヘルシンキの欧州理事会でトルコを加盟候補国とすることを決めたのである。

結果的に、オジャランは加重終身刑となって、マルマラ海のイムラアル刑務所に収監され現在に至る。何重にも終身刑が重なるもので、恩赦によって出獄することができない終身刑である。EUは、これをトルコにおける人権状況の進展と評価したが、後で書くように、EU加盟交渉は別の要因でブロックされることになる。

なおも続くイスラム主義政党への攻撃

話をエルドアンと彼が福祉党閉鎖後に移籍した美徳党に戻そう。一九九九年四月の総選挙で第三党となった美徳党は、またしても大問題を引き起こした。五月二日、新たに当選した女性議員、メルヴェ・カヴァクチュが議員宣誓のために初登院した際に、ヒジャーブを着用し、それを脱ぐことを拒否したのである。当時のトルコでは、女性が公の場でイスラムの教えにしたがって髪の毛や喉元、うなじなどを覆うことは禁止されていた。一院制の国会にあたるトルコ大国民議会は、公の空間を象徴する場であるから、それまで誰もヒジャーブもスカーフも被ることはなかった。

当時のニュース映像が残っているが、当時三一歳で当選した新人議員の彼女には、罵声が浴びせられ、議場は怒号で騒然となった。エジェヴィト首相は混乱のなかで「トルコにおいて、私的生活で女性が何を着ようと自由である。だが、ここは国家にとって最高の機関である。ここで職務に就く者は国家の規則に従わなければならない。ここは国家に挑戦する場ではない」と激しい口調でカヴァクチュを非難した。

国民に選ばれて国会に登院したにもかかわらず、女性議員がこのような屈辱を受けたことは、テレビで放送されてしまった。これは、保守的なイスラム教徒の女性たちすべてにとって、この国の世俗主義原則が耐えがたい苦痛であることを印象づけた。トルコでは国会中継を専門にする国営放送のチャンネルがあり、この場面も、後世に残ることになったのである。

結局、彼女は議員としての宣誓もさせてもらえなかった。そればかりか、彼女がアメリカ国籍をもっていることが後に判明し、議員資格を奪われたばかりか、トルコ国籍まで取り消されたのである。さらに、国家治安裁判所の検事は、深夜に彼女を逮捕した。さすがに、エジェヴィト首相は「この問題は議会において解決した。国家治安裁判所の検事が警察官をともなって深夜に女性を逮捕するというのは穏当でない」と批判している。当時、美徳党の国会議員で後に大統領となるアブドゥッラー・ギュルは「女性が被り物を着けて国会に登院することが憲法違反だというのなら、(公の空間なのだから)バスにも飛行機にも乗せなければいい。彼女は、アタテュルクの理念と憲法を遵守すると宣誓しようとしたのに、それを阻止することは民主主義国家に馴染まない」と批判している。

トルコにおける女性の被り物をめぐる問題は、単純なようでいて複雑であり、複雑なようでいて単純である。イスラムでの女性の服装に関する規定は、性的な部位を覆うという趣旨である。具体的にどこを覆うのかはコーランにもハディース(預言者ムハンマドの言行録)にも示されていない。典拠からの類推とイスラム法学者の合意によって、「露出してもよいのが顔面と手首から先」となったから、それ以外の部分を覆い、性的な特徴を隠すのである。男性についての規範は、あまり知られていないが、膝の上から臍《へそ》までを隠せということになっている。

これは、個人に対する規範であるから、その個人は、どの場所にいるかを問わず、イスラムに従うなら覆うだろうし、従わないなら覆わない。厄介なのは、性的な部位に関するイスラムの規範は動かないが、人の認識は変化することである。性的部位に関しては宗教とは無関係に隠すのが一般的である。ただ、女性の頭髪やうなじや喉元が「性的」かと言うなら、ムスリムの社会であっても、見解が分かれる。髪の毛を出しても羞恥心《しゅうち》を刺激されない人は隠さない。

もちろん、トルコの憲法は女性の服装を規定していない。単に、トルコ共和国は「世俗」の国だと規定している。当時の刑法三一二条は、宗教を理由に社会の分断を図ってはならないとしていた。しかし、被り物が社会を分断し、世俗国家を破壊するというのは無理がある。国家がイスラム法を唯一の法体系とするなら、被ることを義務にする。イランやアフガニスタンのタリバン政権はそれを強制している。しかし、逆に、世俗国家だと宣言する場合に、着用を禁じることができるかどうかは自明とは言えないのである。

ちなみに、この問題は、トルコがフランスの世俗主義を模倣したことと関係が深い。フランスも世俗主義を採用し、公的な空間で宗教的な「印」を身に着けることを禁じる。フランスの場合、ヨーロッパにあって、啓蒙主義の流れの中で、教会から離れ、宗教からも離れていくなかで、この原則を立てた。しかし、ヨーロッパの他の国々は、個人が宗教的な「印」を身に着けて公の場に出ることを禁止していない。ムスリムの国で唯一、フランス型の規制をかけてしまったことが、トルコにとって重い課題となったことだけは確かである。

美徳党の閉鎖訴訟

カヴァクチュの登院からすぐ後に、共和国検察庁は五月七日に美徳党の閉鎖を憲法裁判所に提訴した。そして、五月二八日に、民主左派党、民族主義者行動党、祖国党の三党連立政権がエジェヴィト首相のもとで成立した。

共和国検察庁は追及の手を緩めなかった。次のターゲットは、フェトゥッラー・ギュレンというイスラム指導者を私淑する組織、ギュレン教団だった。ギュレンに対する告発を用意したのである。当時、司法や行政など、国家の機関にもメンバーを浸透させることで組織を堅固なものにしなければならないとギュレンがメンバーとの会合で喋《しゃべ》っている映像が流出し、一斉にテレビで放映された。

国軍の参謀本部は、この組織を特に危険視していた。だが、首相のエジェヴィトをはじめ、世俗派の政治家や知識人のあいだで、ギュレン運動は「穏健」で「モダン」なイスラム運動として評価されていたのである。私はギュレン運動について、穏健やモダンという形容が腑《ふ》に落ちなかったが、後にその素顔を知ることになる。ギュレンはいち早く追及の手を逃れ、アメリカに渡った。それ以来、事実上、アメリカの庇護下に置かれている。そして、二〇一六年七月、この組織が軍の一部を使って「クーデタ未遂」事件を起こした。従来のような軍による政治介入ではなく、一種の大規模テロであった。一九九九年に暴露されたビデオでのギュレンの発言が、二〇一六年の「クーデタ未遂」事件で現実のものとなったのである（第6章参照）。

興味深いことだが、PKKのオジャランはアメリカの指揮の下でトルコ側が拘束した。ギュレンは、トルコで拘束される寸前にアメリカが保護した。PKKとギュレン運動（現在はテロ組織としてフェトゥッラーの徒・テロ組織FETÖと呼ばれる）は、トルコの現在と将来にとって極めて重大な脅威だが、その二つともアメリカの手に握られることになったのである。オジャランはトルコの刑務所にいるが、PKKのシリアでの軍事組織YPG（人民防衛隊）とその政治組織PYD（民主統一党）は、現在、アメリカ軍の支援下にある。

マルマラ大震災

そして一九九九年八月一七日、イスタンブールの東約一〇〇キロのコジャエリを震源とするM七・四の大地震が発生し、一万八〇〇〇人以上が亡くなった。その三か月後、もう少し東のデュズジェという町でも大地震が発生している。このマルマラ大震災では、イズミットというイスタンブール市の東にある重要な工業地帯が甚大な被害を受けた。被害は急速に拡大していたイスタンブール市東部にも及んだ。人的被害、経済的損害、ともに甚大だった。当時は通信網があまりに脆弱《ぜいじゃく》で、アンカラの政府は、しばらくのあいだ被害状況さえつかめなかった。このとき、私はイズミールに滞在していたから、イスタンブールから入ってくる悲惨な状況と政府の混乱ぶりのギャップに愕然《がくぜん》とした。

しかし、ほどなく、震災がトルコ人の心理にもたらす別の面を知ることになった。それは、驚異的な相互扶助の精神である。当時、消防、軍、赤新月社（イスラム版赤十字）を除くと、政府の緊急援助隊が組織されておらず、ボランティアが中心となって救援活動が展開された。ボランティアのなかでは、İＨＨ（İnsan Hak ve Hürriyetleri İnsani Yardım Vakfı＝人権および自由、人道援助財団）のように、イスラム系の援助団体の活動が目立った。この組織は、二〇二三年二月の東南部での大地震でも政府のＡＦＡＤ（Afet ve Acil Durum Yönetimi Başkanlığı＝災害および緊急事態指令本部）と共に緊急援助隊として活躍した。イスラム的な弱者救済と相互扶助は、災害救助において最大限に発揮される。İＨＨはもともと一九九二年のボスニア紛争に際してボシュナク（ムスリム）の人びとの救援活動をしたイスラム組織が原点である。そしてもう一つが、ギュレン運動系のキムセ・ヨク・ム？（トルコ語で「誰もいないのか？」の意味）だった。この救援組織の名前は、瓦礫《がれき》の下に取り残された人びとを助けるために発した言葉からとられている。

イスラム政党を潰すという政治の問題がトルコ社会を分断した一方、イスラムの相互扶助が分断された社会を修復するために貢献したのである。これは、政治の領域での「世俗主義 vs. イスラム主義」の激しい対立が、別の領域で修復されていくことを意味していた。イスラムのもつもう一つの側面、すなわち窮地におけるレジリエンスの面が前面に出ることによって、世俗的な市民のイスラムに対する不安や不満が緩和されたのである。

イスラム主義政党から生まれた「新進組」

エルバカンとの決別

二〇〇〇年五月一四日、美徳党の代表選が行われた。五月七日には共和国検察庁が美徳党の閉鎖訴訟を憲法裁判所に起こしており、エルバカンは政治活動ができないので、後継者を選ぶ必要があった。エルバカンは、自分の後継に長年行動を共にしたレジャーイ・クタンを推した。しかし、若手の間から福祉党政権でも国務大臣を務めたギュルを推す声が高まった。

アブドゥッラー・ギュル、ビュレント・アルンチ、レジェップ・タイイプ・エルドアンの三人を中心に、「新進組＝Yenilikçi」が登場した。「新しい方向を打ち出す人」の意味だが、メディアが名付けた呼び名である。党首選でギュルは善戦したが敗れた。しかし、イスラム政党において、世代交代と路線の違いによる競争が起きたのは画期的だった。

当時、アルンチやエルドアンはこう語っている。

「軍によるメモランダム、通達、国家安全保障会議……いろいろな形で我々の政党活動は阻止されてきた。一九七〇年に国民秩序党をつくり七一年には潰され、国民救済党を七二年につくったら八〇年のクーデタで潰された。八三年に福祉党をつくったら九八年に閉鎖させられ、美徳党をつくったらまた、閉鎖。我々はどこへ行けばいいのか、どこで政治ができるのだ?」

興味深いのは、彼らの政党を潰した軍部や司法への批判だけではなく、福祉党や美徳党の何に問題があったのかを問い直していることである。アルンチはこう語っている。

「エルバカンは、ディナール金貨(イスラムで規定される唯一の通貨)をつくって流通させようとか、EUのようなイスラム共通市場の創設を言ってみたり、NATO(北大西洋条約機構)に代わるイスラム共同防衛軍の創設や、G-7ではなくイスラム圏の首脳会議D-8を結成しようと提案したり……これらは別の選択肢としてあり得たかもしれないし、将来の構想としてよかったかもしれないが、肝心の政党が次々に閉鎖されてしまうのでは役に立たない。だからこそ、与党になるために、そして政党が司法の閉鎖命令を免れて、安定した与党として政権を維持するために何が必要なのかを徹底して議論した」(32ci gün, arşiv. 28 Şubat Belgeseli, 10. Bölüm)

美徳党の代表選に敗れた後、ギュル、エルドアン、アルンチの三人を中心に、新進組は将来の方向性を決めていった。美徳党はいずれ憲法裁判所によって閉鎖させられる。もう十分だった。二度と軍が出すメモランダムや国家安全保障会議での最後通牒や憲法裁判所によって潰されない政党をつくらなければならない。そうしないと、永遠に彼らの政治を実現する場がないというのが結論だった。それは、シャリーアによる統治を夢見たエルバカンたちのミッリー・ギョリュシュ(ウンマの視点)との決別でもあった。

世俗主義者どうしの大喧嘩が招いた国家の危機

二〇〇一年二月九日、突然、国家の危機が発生した。イスラム主義政党がらみでもPKKがらみでもない。まったく予想もしないところで危機は起きた。

その日、国家安全保障会議が開催された。議題は、経済問題と不正疑惑だった。汚職事件など珍しくなかったが、その時もエネルギー大臣に関する疑惑があり、検察が調べていた。その一方で、なぜかジャンダルマも捜査していた。軍の一部を構成していたジャンダルマの捜査を信頼するセゼル大統領に対し、エジェヴィト首相は通常捜査に軍が手出しする必要はないと反発した。元が憲法裁判所長官で憲法学者のセゼル大統領は、エジェヴィト首相に、ジャンダルマの捜査権が法律上保障されていることを説明しているうちに激高し、首相に向かって「憲法を勉強しろ!」と、傍らの憲法集を投げつけた。首相も激高した。隣にいたオズカン副首相は大統領に向かって「あなたは国民に選ばれていない。そのあなたが国民に選ばれ政治の責任を負う首相になんたる無礼なことを言うのか」と言い返し、憲法集を大統領に向かって投げ返したのである。当時のメディアによると、こういうことである。

怒りに我を忘れたエジェヴィト首相と閣僚たちは会議を退席し、緊急の記者会見で首相が「本日の国家安全保障会議が始まる前、官僚たちが、まだそこにいる(会議が始まると退席する決まり)時に、突然、大統領が私を非難しはじめ、あり得ない無礼な態度で侮辱した。これは国家の危機である」と言ってしまったのである。

すでに九〇年代後半からトルコは激しいインフレに見舞われ、経済危機が続いていた。エジェヴィト首相の発言は、トルコの経済危機を一気に爆発させてしまった。イスタンブール株式市場は一日で一八・一%も下落した。中央銀行は、外貨需要が急速に高まった結果五〇億ドルもの外貨を放出し、トルコ・リラは一夜にして一ドル＝六七万リラから一〇〇万リラに下落した。失業者は一〇〇万人に達し、多数の銀行が破綻した。

国民からは怨嗟《えんさ》の声が上がった。つい直前まで、イスラムの反動主義の問題に揺れていたトルコは、イスラムどころではなくなった。国家安全保障会議というのは、大統領が主宰し、国軍参謀総長以下、四軍の司令官と政府側が出席する会議である。かつてエルバカンを追い詰めたその場で、ともに世俗主義者、国家主義者で知られる大統領と首相が罵《ののし》りあい、憲法集を投げ合い、トルコ経済が破綻したとは、なんとも馬鹿げたことであった。

経済危機の打開のため、エジェヴィトはワシントンの世界銀行で副総裁を務めていたケマル・デルヴィーシュを呼び寄せた。デルヴィーシュは、当初、中央銀行総裁のポストを打診されたが、政治的な意欲を持ち、金融と財政を担当する国務大臣となった。彼がトルコの政権に参加したことで、ＩＭＦ(国際通貨基金)は直ちに追加融資を決めた。融資に次ぐ融資で、トルコ経済はなんとか破綻を免れた。しかし、その遺産は次の一〇年に、厳しい構造調整による緊縮財政と借金の返済となってのしかかった。二〇一三年に負債を完済したのは、公正・発展党政権下でのことだった。エルドアンは、その後、繰り返し、自主的な財政が損なわれるＩＭＦからの融資は二度と受けないと言明している。

その数か月後、二〇〇一年六月二二日、美徳党は憲法裁判所によって閉鎖の決定を受けた。翌月の七月二〇日には、後継政党の幸福党を結成している。そのころ、イスラム主義の政治家たちにも劇的な変化が生じていた。

エルドアン政権の誕生

公正・発展党の結党

エルドアン、ギュル、アルンチら新進組は幸福党に移籍せず、八月一四日に公正・発展党(AKP: Adalet ve Kalkınma Partisi)を結党したのである。美徳党の党首選に立候補したアブドゥッラー・ギュルではなく、詩の一節を理由に刑務所に送られたエルドアンを党首にしたのは、ギュルの慧眼《けいがん》だったと言われている。エルドアンは、言論の自由を制約するトルコの軍部や司法の犠牲者であり、国民にとって彼はスターとなっていた。

エルバカンやクタンなど、古参のイスラム主義者たちは、長い経験をもつ自分たちのもとを離れると政治などできない、政治は「子どもの仕事じゃない」と冷たく言い放った。

公正・発展党のロゴ

公正・発展党のロゴはピカッと光る電球である。初めてそのロゴをみたとき「そうきたか」と笑ってしまった。イスラムともトルコとも関係のないデザインは意外性が十分だった。エルドアンたちの師匠でもあったエルバカンは、よほどこの「電球」マークが気に障ったらしく、「なんで電球なんだ」と、いつまでも文句を言っていた。だが、イェニリクチュ（新進組）にとっては、名実ともに過去のしがらみを断つことが重要だったのである。

エルドアンは、なぜ即座にEU諸国を歴訪したのか

まだ選挙になる前に、公正・発展党がさっそく進めたのは、意外なことにエルドアンたち幹

部によるEU諸国歴訪であった。このことは、後の公正・発展党政権を評価するときに、重要である。公正・発展党結党のメンバーであり、後に副首相や国会議長を務めたアルンチは、次のように語っている。

「我々は、かつてEUに反対だった。EUに加盟することは、信仰からみても、文化的にみても、また国土の一体性の問題からみても、国民への裏切りと感じる人も多かったし、自分も反対だった。しかし、法の支配と民主主義のスタンダードを実現するにはEUが必要であることを、（一九九七年）二月二八日の『最後のクーデタ』の後に知ることになった。トルコは国内の民意が求めていることを実現できない。その行き詰まりを打開するにはEUを利用せざるをえない。そのため、EU加盟への手続きを迅速にすることが必要だと確信したのである」(32ci gün, 28 Şubat Belgeseti 12. Bölümü)

新たに公正・発展党を立ち上げた彼らにとって、民主主義の敵はトルコの軍部や司法であった。軍部はクーデタや書簡による恫喝《どうかつ》で政治に介入した。司法は、検察と憲法裁判所が簡単に政党の閉鎖を命じてきた。これでは民主主義は成り立たない。その壁を打ち破るためにEUを使う戦略にでた。EUが求める法の支配と民主主義がトルコを発展させる唯一の方法だと信じていたのである。

公正・発展党は、従来の政党とちがって、結党当時、「チーム」を重視していた。トルコの政党というのは、それまで「誰の」政党かが大きな意味をもっていた。どの政党もカリスマ的リーダーの人気で選挙戦を戦ってきたのである。それを支えるのが官僚組織だった。

祖国党のトゥルグト・オザル、公正党（後に正道党）のスレイマン・デミレル、民主左派党のビュレント・エジェヴィト、いくつものイスラム主義政党を率いたネジメッティン・エルバカン、みなそうだった。しかし、二〇〇一年に誕生した公正・発展党は、エルドアン、ギュル、アルンチらを中心とするチームを強調した。その点でも非常に新鮮にみえたのである。

ただ、このチームは一〇年ほどしか続かなかった。二〇一〇年代の後半になると、公正・発展党は「一人の男＝tek adam」エルドアンが率いる政党に変質していた。

結党当時、党首エルドアンは、公正・発展党のことを、「民主的、保守的、新進性をもち、現代的な政党」と語っている。国内にあった「イスラム主義政党の再来」に対する不安を払拭《ふっしょく》するために、イスラムを口にしない徹底ぶりだった。当時の世俗派の新聞、『ミッリイェット』は「ミッリー・ギョリュシュの衣装を脱いだ」という大きな見出しを掲げた。だが、公正・発展党に対する世俗主義者の疑念も根強いものだった。

公正・発展党の大躍進と安定与党

そんななか、二〇〇二年一一月三日に総選挙が実施されることになった。その理由は、政権の側にあった。首相のエジェヴィトの体調に大きな変化があり、入院したのである。病状についての報道は入り乱れ、この状況では政権を維持できないということになった。

選挙戦での党首の演説の映像が残っている。それをみると、中道右派の祖国党や正道党は、明らかに公正・発展党を意識して、「また『二月二八日』のような軍の政治介入を招くだけだ」と牽制した。第一党、エジェヴィトの民主左派党は、完全に落日だった。衰弱した党首を見限って、分党の動きが活発化していたのである。「新進組」が離脱してしまった幸福党のエルバカンは、相変わらず「子どもにできることじゃない。選挙の後にはミッリー・ギョリュシュの我が党だけが勝利し、残り一七党など吹けば飛ぶようなもの……」と完全に時代を読めない演説を繰り返すだけだった。

選挙結果は、公正・発展党が三四・二%(三六三議席)、共和人民党が一八・三%(一七八議席)、正道党が九・五四%(議席ゼロ)、民族主義者行動党八・三%(議席ゼロ)、祖国党五・一%(議席ゼロ)、幸福党二・五%(議席ゼロ)、民主左派党一・五%(議席ゼロ)となった。大国民議会の議席数は五五〇、得票率一〇%未満の政党は議席を得られない決まりだった。

この選挙結果は一つの時代、分断と混迷の時代の終わりを告げるものとなった。一九八〇年代以来、政治の中心にいた中道右派の政党は消滅した。古いイスラム主義政党も消滅した。左派も消滅した。かわって登場したのが、新時代を拓くことを期待された公正・発展党と、トルコが変わってはいけないとアタテュルク主義の堅持を掲げる共和人民党の二党だった。

結局、軍は何をしたのか。一九九七年に「最後のクーデタ」と呼ばれた政治介入で、イスラム主義政党を反動主義として政治から追放しようとしたが、次々に後継政党が誕生し、公正・発展党が圧倒的な民意の支持を受けて政権の座についた。安定多数による単独政権である。振り返ってみれば、軍が介入したことが、公正・発展党政権を生み出したことになる。軍の意図とはまったく逆の結果をもたらしたのである。もっとも、軍の言う「反動主義」のイスラム政党もまた、変質した。イスラム主義による統治を捨て、重要なイスラム的倫理である「弱者の救済」による社会的公正の実現を目指すようになっていくのである。

二〇〇二年一一月三日の総選挙で大勝利をおさめても、エルドアンは首相の座に就くことはできなかった。その直前に、憲法裁判所が政治活動禁止の継続を決めていたため、被選挙権がなかったからである。そのため、いったんギュルが首相、外交官として実績をもつヤシャル・ヤクシュが外相に就任した。その後、エルドアンに対する政治活動禁止は、野党の共和人民党も賛成して議会によって解かれた。彼は、詩の一節を引用して訴追されたシイルトから補選に立候補し、当選して議席を回復、二〇〇三年三月一四日に首相に就任したのである。

第4章　EU加盟交渉の困難な道のり

2004年12月15日、トルコとの加盟交渉開始の是非を問う投票が行われたストラスブールの欧州議会(ロイター／アフロ)

ヨーロッパ共同体への「長く細い道」

エルドアンとその盟友たちが公正・発展党と共に政権の座についた後、トルコという国家の自画像をどのように描こうとしたのか。ここからは、外交と内政での課題のなかに、それを読み解いていく。最初は、ムスリムの国でありながら、ヨーロッパの一員としてEU加盟を目指すという特異な自画像についての課題である。

時は、一九八〇年代に遡る。

「私たちは、ヨーロッパ共通市場に加盟申請した。道は、長く、細く、登り坂で、その始まりにいる。困難な道である。長い交渉になる。私たちを怒らせる多くの事件に遭うことになる。全く望まない、嫌な言葉を聞くことにもなりうる。しかし、勇気をもって、同時に、忍耐をもって、注意深く、計算していかなければならない」(一九八七年四月一三日、トゥルグト・オザル首相、"Uzun İnce Bir Yol" Belgeseli(長く細い道)、トルコ共和国外務省、EU総局+トルコ国営放送、二〇一九年製作より)

トゥルグト・オザルは、トルコに市場経済と自由主義を導入し、国家管理の経済体制を変革した首相として名を残した偉大な政治家である。一九八〇年九月一二日のクーデタによる軍政から八三年に民政に移管された後、政権の座につき、矢継ぎ早に改革路線を打ち出した。最も重要な課題の一つが、今のEU（当時のヨーロッパ共同体、EC）加盟であった。八七年四月一三日、トルコはECへの加盟を申請したのである。オザル首相の言葉はリアリティに溢《あふ》れている。その後のトルコのEU加盟への困難な歩みを言い当てているからである。この章では、予言のような彼の言葉が、どのように現実化していったかをたどることにする。

加盟申請までの紆余曲折

一九五一年四月一八日、ベルギー、フランス、西ドイツ、イタリア、オランダ、ルクセンブルクの六か国がパリで調印したパリ条約に基づいて、ヨーロッパ石炭鉄鋼共同体（ECSC）を設立した。現在のEU（ヨーロッパ連合）の出発点である。一九五七年三月二五日、六か国はヨーロッパ経済共同体（EEC）を創設するためのローマ条約に調印し、五八年一月一日にEECとヨーロッパ原子力共同体（EURATOM）が発足した。この二つに、先のECSCを加えた三つの共同体をヨーロッパ共同体（EC）と呼ぶようになった。

一九五九年七月三一日、トルコは、当時のアドナン・メンデレス首相の政権がEECに加盟を申請した。だが、一九六〇年五月二七日の軍事クーデタによって、政権幹部は逮捕され、メンデレス首相はその後、軍事法廷で死刑となり処刑された。このクーデタによって、EEC加盟交渉は打ち切られた。

一九六三年九月一二日、トルコとEECはアンカラ議定書（協定）を結び、協議を再開した。目標は経済共同体への正式加盟であった。EEC側はトルコをヨーロッパの一部と認めていた。トルコ側のイスメト・イノニュ首相は「EECは、人類史における人間の叡智《えいち》の最も勇気ある産物」と評した。この時のトルコの新聞には「共通市場に入った」というような気の早い見出しが躍っていた。現実には、この経済協定だけをとっても、一九七三年に追加議定書が発効し、関税同盟への参加が認められるまで二二年という気の遠くなるような期間が設定された。

一九七五年六月一二日、ギリシャがEECへの加盟を申請し、八一年一月一日に認められた。この時期から、トルコがヨーロッパ・ファミリーの一員になろうとすると、高度に政治的な問題が障壁として立ち塞《ふさ》がるようになる。

一九七四年、トルコはキプロスに出兵し、島の北半分を事実上占領した。その直前に、ギリシャの軍事政権の意を受けたギリシャ系キプロスの極右武装組織EOKAがクーデタを起こし、大統領だったマカリオス三世を追放した。その状況下で、トルコ系住民への大虐殺が起きるのは必至とみられていた。

この問題についてイギリス政府からも、アメリカ政府からも支援を得られなかったトルコ政府は、軍を出してギリシャ系キプロスの国家防衛隊やギリシャ軍と交戦し、島の北部を制圧した。旧宗主国のイギリスが登場するのは、一九五九年のチューリッヒ・ロンドン協定によって、キプロス問題については、イギリス、ギリシャ、トルコの三国が「保証国（guarantor states）」となることが決まっていたことと、イギリスはいまだにキプロス島内に二か所、直轄の軍事基地を持っていたからである。だが、ギリシャ系とトルコ系との大規模な戦闘を収拾するだけの力を、当時のイギリスは持っていなかった。

以来、キプロスは南北に分断されたまま今日に至る。南北の境界線には国連キプロス平和維持軍（UNFICYP）が駐留し停戦監視にあたっている。国際社会は、トルコが同じトルコ人を保護するために出兵したことを容認しなかった。アメリカにとっては、同じNATO加盟国のギリシャとトルコ（両国とも一九五二年に加盟している）が地中海をめぐって戦闘に至ったのは大きな問題だった。ヨーロッパ諸国は、一九六〇年のクーデタ、七一年の軍の政治干渉（書簡によるクーデタとも言われる）に続いて、キプロスに軍を出したことで、トルコを罰しようという方向に傾斜した。

一九八〇年九月一二日に、トルコではまたしてもクーデタが起きた。軍は完全に政治を掌握し、政党も議会も停止し戒厳令下に置いた。ケナン・エヴレン参謀総長が実権を掌握し、全ての民主的政治プロセスは止められてしまった。もちろん、軍には軍の言い分があって、左右両派の激しい衝突、イスラム主義勢力の台頭など、政党政治では対処できない混乱に陥ったために、一旦、政党政治による民主主義を強制終了したというのである。だが、ヨーロッパ諸国はこれを認めなかった。EECはトルコとの交渉も支援も全て停止した。

三年後の一九八三年、クーデタ後の民政移管で、トゥルグト・オザルが首相に就任した。彼は、ヨーロッパの一員となる方針を決め、一九八七年に改めてEECへの正式加盟を申請した。この章の冒頭にあげたオザルの言葉は、その時の決意表明である。

冷戦の崩壊に翻弄されたトルコ

だが、当時、ヨーロッパの方が戦後最大の転換期にあった。その二年後、一九八九年にはベルリンの壁が崩壊、九〇年には東西ドイツが再統一を果たし、冷戦の時代が終わった。トルコの加盟というのは、率直に言って、当時のヨーロッパにとっては二の次、三の次の課題だった。一九八九年一二月一八日、ECは、トルコに対する回答で、ヨーロッパ自身の統合ができる前に他国の加盟を協議する状況にはない、トルコは一丸となって経済、社会、政治を発展させなければならないと、加盟申請を一蹴した。

その間、一九八五年六月、シェンゲン協定がドイツ、フランス、オランダ、ベルギー、ルクセンブルクの五か国によって締結され、将来的に、この協定の加盟国間で国境検問を廃止することになった。域内の自由移動によって、ヨーロッパ諸国は、国境の壁に妨げられることなく、一つの空間に生きていることを自覚したのである。

この協定は、トルコがヨーロッパの一員となるうえで最大の目標の一つとなった。一九八〇年代には、すでに数百万人のトルコ出身者がドイツをはじめヨーロッパ各国に移民として暮らしていたからである。トルコがシェンゲン協定によって域内自由移動を認められれば、トルコとEUの距離はぐっと近づくことになる。シェンゲン協定自体が発効したのは一九九五年三月二六日で、イギリス(当時)とアイルランドを除くEU加盟国、それにEU非加盟のノルウェー、スイス、アイスランドも参加することになったから、EUそのものの領域と同じではない。

一九九三年一一月一日、マーストリヒト条約にもとづいてEUが設立された。そして、新規に加盟申請する国に対して、共通の基準としてコペンハーゲン基準(一九九三年六月、欧州理事会)が設定された。民主主義、法の支配、人権およびマイノリティの人権保護、機能する市場経済の存在、通貨統合などの経済的、政治的統合が可能であること、が基本条件となっている。

関税同盟への参加

実は、正式加盟申請が進展する前に、トルコは経済共同体への実質的な参加を果たしている。先に触れたEECへの加盟にとって重要な関税同盟に一九九五年に参加することが承認されたのである。関税同盟に加わると、関税を廃止すると同時に、輸出入の数量規制も撤廃される。当時のトルコにとって、ヨーロッパに輸出できるものは、まだ農産物などが多く、ヨーロッパから輸入するのは自動車などの工業製品だったから、関税同盟への加盟はトルコ経済にダメージを与える危険もあった。

だが、象徴的にヨーロッパの一員となれたことで国民は歓喜した。トルコ国内では、勇み足なのだが、これでEUに入れたと誤解した人も多かった。実際、当時の新聞の見出しには、関税同盟の調印に行ったタンス・チルレル首相を英雄と持ち上げ、「メルハバ、ヨーロッパ！(ヨーロッパよ、こんにちは)」、「二〇〇〇年の夢」などの見出しが躍った。だが、一九九〇年代半ばのトルコは、イスラム主義勢力の台頭で、軍部がひどく苛立《いらだ》っているさなかだった。初の女性首相となったチルレルは軍を制御できないでいたが、この時とばかり、ヨーロッパの一員となれることを誇大にアピールして、軍部を牽制したのである(第7章を参照)。

トルコの関税同盟参加は、トルコの経済や社会の発展にとって重要なマイル・ストーンとなった。農水産物、食品、飲料水、教育、医療、社会保障、水道や電気などのインフラ、環境基準、衛生基準など、すべてにわたって「EU基準」の達成に向けて一丸となって邁進《まいしん》していくことになったからである。

だが、肝心のEU加盟の方は進まなかった。一九九七年のルクセンブルク首脳会議では、社会主義体制を捨てた東ヨーロッパ諸国などへの新規加盟の道が示されたが、トルコの名はそこにはなかった。

ようやく見えた一筋の光明

この閉塞《へいそく》的状況が一変したのが一九九九年のEUヘルシンキ首脳会議だった。

トルコ側では、一九九七年に、軍部と世俗主義者の強硬な姿勢で、当時与党だったイスラム主義政党が解散に追い込まれた。古典的なイスラム主義の政治家、ネジメッティン・エルバカンはついに事実上、政治生命を絶たれた。客観的に考えれば、これも軍部による政治介入であり、国家安全保障会議という「密室」でのクーデタと捉えることもできる。

だが、この直後、一九九九年のヘルシンキ首脳会議は、突然、トルコを「正式加盟交渉の候補国」とすると決定したのである。最大の変化はEU主要国リーダーの変化だった。一九九八年、ドイツは政権交代し、保守キリスト教民主同盟（CDU）のヘルムート・コール首相から社会民主党（SPD）のゲアハルト・シュレーダー首相に代わった。同盟90／緑の党（Bündnis 90/Die Grünen）との連立政権で、ヨシュカ・フィッシャーが同党から外相に就任した。

フランスはジャック・シラク大統領（一九九五～二〇〇七）、そしてイギリスはトニー・ブレア首相（一九九七～二〇〇七）の政権である。シラクは、それほど熱意があったとは思えないが、イギリスのブレアは、西洋とイスラムの厳しい関係を理解していた。シュレーダーは、トルコとの同盟関係を重視する方向に舵《かじ》を切り、イギリス、フランスとともに、それをヘルシンキ首脳会議で結実させたのである。

突きつけられた具体的課題

一九九九年一二月一一日、ヘルシンキ首脳会議でトルコは正式に加盟候補国となった。その日のトルコの新聞『ラディカル』の見出しには「すばらしい首脳の往来、容赦ないバーゲニング交渉」と書かれていた。実際、候補国となったことで、二〇〇一年までに五二、二〇〇四年までに六〇もの法改正を求められた。コペンハーゲン基準を満たすとは何を意味するのか、トルコ国民はこの時初めて自らの課題として理解した。そして、かつてオザル大統領が言ったように、EU加盟交渉が、本当に「長く細い道」であることを実感し始めていた。

具体的な法改正の要求とは、

①思想の自由の保障と強化、思想犯の扱い、
②拷問の禁止とそのための法の制定、
③国家治安裁判所の実態を国際基準に合わせること、
④死刑の中断と廃止の法制定、

⑤マイノリティの母語の権利保障、テレビやラジオ放送の解禁を骨子としていた。⑤はクルド人の権利の拡大要求である。

政府はこれらの課題に真剣に向き合い、二〇〇二年二月には国会に提案して議論を重ねた。この時の政権は、民主左派党という左派政党、祖国党という中道右派政党、それにトルコ民族主義の極右、民族主義者行動党から成る連立であった。野党はイスラム政党の美徳党と中道右派の正道党であった。この構成だけでも、いかに不安定な政権だったか想像がつくが、いくつかの出来事が複合してその年の一一月には総選挙になだれ込むことになった(第3章参照)。

エルドアンと公正・発展党政権が進めたEU加盟交渉

コペンハーゲン基準達成への努力

二〇〇二年一一月三日のトルコ大国民議会議員選挙(総選挙)は、トルコにとって一大転換点となった。新たに誕生したエルドアンたちの公正・発展党が圧勝し、野党としては第二党の共和人民党だけが議席を確保した。それまで九〇年代のトルコ政治を動かしてきた中道右派政党は全滅、シャリーア導入を叫ぶような古いタイプのイスラム主義政党も議席を失い、実質的に二大政党の時代に入ったのである。

軍部は、公正・発展党政権が古いイスラム主義政党と袂《たもと》を分かったとはいえ、それは見せかけだけだと考えていた。本質はイスラム主義にあるから、トルコが西欧世界から切り離されてしまうと強く懸念していた。世俗主義派の知識人たちも、こぞって、同じ懸念を口にしていた。これでEU加盟は遠のいたというのである。公正・発展党の党首はレジェップ・タイイプ・エルドアンであり、周辺を固めていたのはビュレント・アルンチ(その後、副首相や国会議長を歴任)、アブドゥッラー・ギュル(首相、外相、大統領を歴任)たちであり、いずれも九〇年代には反西欧・反世俗主義・イスラム主義を主張していた。

しかし、軍や世俗主義者の懸念は当たらなかった。EUを必要とし、EU加盟を切望していたのは、実は彼らの方だったからである。

そして政権発足直後の二〇〇二年一二月一二日、コペンハーゲンでのEU首脳会議で次の決定がなされた。

「二〇〇四年一二月の首脳会議において、コペンハーゲン基準を満たしたと判断された場合、トルコとの正式加盟交渉は遅滞なく開始される」

その後、二〇〇二年から〇四年にかけての二年足らずの間で、五三の法律の二一八項目を改正したが、そのなかには死刑制度の廃止、拷問の禁止、マイノリティの権利拡大、ジェンダー平等、表現や言論の自由の拡大などが盛り込まれた。当時のEU側の拡大担当(欧州委員会委員)だったギュンター・フェアホイゲンは、トルコが二〇〇三年から〇五年までに驚くべき成果を挙げたことを認め、同時期の他の加盟候補国よりもはるかに決然とした態度で改革に焦点を当てていたと証言している。

加盟交渉を阻んだEUの失策

だが、二〇〇四年五月一日、EUはトルコの加盟を阻むことになる決定的な失敗をした。この日は、EUの歴史にとっては、過去最多の一〇か国が新規に加盟した日として記憶されている。しかし、その新規加盟国のなかには、キプロス共和国があった。私は、トルコを支持する立場で失敗だと言っているのではない。もともと、領土紛争を抱えている国は、そのままでEUに加盟することはできないというコンセンサスがあった。

キプロスは前に書いた通り一九七〇年代の半ばから南北に分断され、南のギリシャ系キプロス共和国が国際的に承認されていた。北のトルコ系は、北キプロス・トルコ共和国を名乗っていたが、トルコ以外に承認する国はなく、通貨もトルコ・リラを使っていた。このキプロスを再統一させるのが、二〇〇四年三月三一日、当時の国連事務総長コフィ・アナンの提案した再統一案だったのである。

アナンの再統一案の是非を問う住民投票は、キプロスがEUに加盟する日のわずか一週間前だった。エルドアン政権も、国際社会から「トルコ軍による違法な占領」とされてきた事態に終止符を打ち、アナン提案を容認する立場だった。これは、軍部をはじめ、トルコのナショナリストを怒らせたが、エルドアン政権は、EU加盟交渉のために、過去の姿勢を転換させたのである。実際には、軍の内部にも、キプロスに派兵した一九七〇年代とは違い、トルコ国内の空軍基地から数十分でキプロスに到達可能であって、いつまでも陸軍を駐留させる意味は薄れたという声もあった。むしろ、北キプロスでのトルコ軍の駐留は、民族同胞を護っているという象徴的な意味が強かったのである。

北キプロス側はアナン提案を約六五%の賛成で受諾した。しかし、肝心の南キプロス側は約七六%の反対で拒否してしまった。にもかかわらず、EUは、統合反対派パパドプロス大統領の求めたキプロス共和国の加盟を承認した。

当時、北キプロスの人たちは、南のギリシャ系キプロスがEUに入れば多大な恩恵を受けることを知っていた。実際、南北境界線を越えて南側に行ってギリシャ系キプロスのパスポートを申請する若者もいたのだが、親たちはそれを容認していた。EOKAによるトルコ系住民虐殺の過去を知る親の世代は、ギリシャ系のパスポートを取ろうとはしない。しかし、EUをはじめ国際社会から制裁が科せられた状態では、若者の未来がない。だからこそ、国連のアナン提案を受け入れての再出発を図ったのである。二〇〇五年に北キプロスの大統領に就任したメフメト・アリ・タラートも、この点では現実的だった。だが、ギリシャ系キプロスの大統領パパドプロスは、トルコとトルコ系北キプロスの意向を知ったうえで、アナン提案を葬ってしまったのである。

当時、イギリス政府とドイツ政府は、これが大失敗だったことを理解していた。ドイツのシュレーダー首相(当時)は、南のギリシャ系キプロスをEUに入れてしまうことで、アナン提案が葬られることになったと認めている。「まったく逆のプロセスにする必要があった。最初に南北双方がアナン提案を受諾し、再統一を果たしたところでEUに加盟させるべきだった」と前掲のドキュメンタリー「長く細い道」の中で語っている。

EUは何を決めるにも、基本的に全加盟国の一致が必要である。したがって、一度加盟が実現した国は、新たな決定事項に拒否権を行使して葬ることができる。キプロスとギリシャがトルコの加盟を阻止するであろうことは容易に想像できたのである。

歓迎と嫌がらせのなかで始まったEU加盟交渉

二〇〇四年一〇月、EUはトルコの改革に関する進捗状況リポートを公開し、改革がコペンハーゲン基準を達成したことを認めた。そして欧州理事会(European Council, 加盟国首脳の会議)に対して、トルコとの加盟交渉を開始することが進言されたのである。

この進捗状況リポートが公開されるや、トルコ国内は、またしても沸き立った。「進む道が開かれんことを、トルコ！」「ＥＵはトルコの正式加盟にグリーン・ライト」——当時の新聞の見出しである。

エルドアン首相は、これでやっとスタート地点に立ったところだと過剰な期待を戒めながらも、ＥＥＣとのアンカラ議定書以来四一年におよぶ国民の努力の成果だと強調した。その年のＥＵ首脳会議はベルギーのブリュッセルで一二月に開かれることになっていた。

その直前、一二月一五日、ストラスブールの欧州議会(European Parliament)は、トルコとの加盟交渉開始を投票にかけた。欧州議会の投票は、ＥＵの動きを決定するものではないが、大きな意味をもつことは言うまでもない。当時、私も驚いたのだが、議会の中道左派勢力が、一斉に、「Evet/Oui/Ya/Yes!」という紙を掲げて加盟交渉開始に賛成したのである(章扉写真)。結果は、総数六九八のうち、賛成四〇七、反対二六二、棄権二九で賛成が圧倒的に上回った。

賛成理由は、民主化を進めたトルコはトルコ自身にも、そしてヨーロッパの安定にも貢献するというものだった。そこには、二〇〇一年の「9・11」以降、ヨーロッパにも急速に台頭した極右・排外主義勢力への反発と多様性の維持を望む声があった。そして、ムスリムが人口の大半を占める国でありながら、ＥＵ基準を受け入れようと努力していたトルコを評価したのである。左派・右派を問わずトルコの加盟に否定的な今から思うと、実に不思議な光景であった。

二〇〇四年一二月一七日、ブリュッセルのEU首脳会議（欧州理事会）は、最初から揉《も》めていた。キプロス共和国を率いるパパドプロス大統領は、何としてもトルコとの加盟交渉をブロックしようとしていた。エルドアン首相も、提案次第では席を蹴って退出する勢いで首脳会議に来ていた。双方を押さえにかかったのは、イギリスのブレア、フランスのシラク、ドイツのシュレーダーであった。そして、首脳会議は、進捗状況リポートの結論をふまえて、トルコとの正式加盟交渉を二〇〇五年一〇月三日から開始することを決定したのである。

欧州議会はEUの立法府ではあるが、EUの重要方針を単独で決めることはない。加盟国の元首から成る欧州理事会がEUの針路を決め、欧州議会と共有することが多い。行政府にあたるのは、欧州委員会（European Comission）である。複雑なつくりなのだが、EU加盟各国の民意は、欧州議会と欧州理事会の両方に反映される。ドイツのように大統領に政治的な力が与えられていない国とフランスのように大統領が大権をもつ国の両方があるから、トップによる首脳会議と議会のもつ意味も、両者の特性が混ざり合っているのである。

隔たりの大きかった首脳たちの意見

フランスはジャック・シラク大統領の率いる中道右派政権、ドイツは社会民主党と緑の党の中道左派連立政権で、ゲアハルト・シュレーダー（社会民主党）が首相、緑の党のヨシュカ・フイッシャーが外相を務めていた。イギリスは、トニー・ブレアが率いる労働党政権である。

当時、輪番制の欧州理事会の議長国はオランダだった。中道右派、キリスト教民主勢力のヤン・ペーター・バルケネンデが首相を務めていた。トルコとの加盟交渉をめぐる議論で、もう一人、しばしば名前が挙がっていたのはオーストリアのヴォルフガング・シュッセル(オーストリア国民党)だった。彼の政党は中道右派でキリスト教民主主義を掲げる保守政党である。

フランスのシラクは、ドイツのシュレーダー、イギリスのブレアと共に、トルコ加盟交渉に前向きだった。だが、シラクは、欧州憲法条約の批准可否を二〇〇五年五月二九日に国民投票にかけ、否決されてしまった。この欧州憲法条約は、EU統合の将来に関する憲法のようなもので、内政、国内経済にもさまざまな影響を及ぼすものだったのだが、当時の新聞論調をみると、トルコの加盟問題が大きなウェイトを占めてしまった。将来の欧州統合の枠組を決める欧州憲法条約の批准国民投票が、トルコ加盟の是非を問う場になってしまったのである。

二〇〇四年の時点で、トルコの加盟をめぐってヨーロッパ社会を分断することになった疑問点は以下の五つに集約できる。

①トルコはヨーロッパか?

②トルコの加盟はヨーロッパに安定をもたらすのか?

③ヨーロッパの重心はどうなるのか?

④大規模な移民の恐れは？
⑤正式加盟のコストは？

包摂から排除への急転換

フランスの政局はすでにシラク以後に向けて動き始めていた。次の大統領となったのは、同じ国民運動連合のニコラ・サルコジである。

そして、ドイツの政治もまた過渡期にあった。社民党と緑の党による中道左派連合から、キリスト教民主同盟のアンゲラ・メルケル、キリスト教社会同盟のエドムント・シュトイバーの時代に移りつつあった。彼らとサルコジのラインが、EUのなかで徐々に力を強めていたのである。シラクは、シュレーダーから距離を置きはじめたが、結局、サルコジに足をすくわれた。

二〇〇四年一二月一五日、首脳会議の前日の『ル・モンド』紙面はトルコ特集に充てられている。「公正・発展党の世俗化」というタイトルで書かれた記事は、トルコの与党が単純なイスラム主義政党ではないことを、かなり丁寧に説明している。

この二年間で、トルコはEU加盟に向けて、これまで以上に前進した。コペンハーゲン基準を遵守し、法の支配を確立するために懸命に働いたのは、アタテュルクの世俗的な共和国を担ってきた政党ではなく、政治的イスラムに端を発する公正・発展党であったことを『ル・モンド』は正確に書いている。

少し、『ル・モンド』の論調を紹介しよう（記事は二〇〇四年一二月一五日付）。

「新しい刑法が可決され、クルド地域の非常事態は廃止され、国家治安裁判所も廃止され、軍は目立たなくなった。二〇〇二年に公正・発展党が政権を取るまで、これらの施策に既存政党は不熱心だった。しかしエルドアン政権は、ヨーロッパの使命を果たすことに注力し、死刑廃止が一九八七年の申請から一二年も放置されていたことを許さなかった。二〇〇二年一一月三日の総選挙のたった一日で、政治の情景はひっくり返った。世俗主義の守護者である軍は沈黙を貫き、『電球党（党のロゴは、ぴかっと輝く電球）』のイスラム主義者は、単独で統治するのに十分な数の議員を確保した。中道政党はわずか一五か月前に設立された政党に完敗。ケマリズム（建国の父、ムスタファ・ケマルの理念）のくびきに囚《とら》われ、現実のプロジェクトから切り離され、ほとんど常に腐敗していた政治の古いライオンは有権者の信頼を失った」

一九八七年にEEC加盟を申請したときには、民主化、人権、軍の政治干渉、クルドとの衝突などの問題から、ほとんど門前払いだったトルコは、あっという間に、死刑の廃止、拷問の禁止、悪名高い国家治安裁判所の廃止などをやってのけた。これらを実現したのはレジェップ・タイイプ・エルドアンの公正・発展党である。

さらに、『ル・モンド』の記事で注目すべきは、エルドアン政権の支持層が単に政治的イスラムの支持者ではなかったことを指摘した点である。

「この『イスラム政党』を支持したのは、農村から大都市近郊のゲジェコンドゥ(bidonville)に流れこんだ膨大な数の貧困層だけではない。卒業したての若者、金融危機で酷い目に遭った中小の商工業者も主たる担い手だが、政党への志向でいえば、左派＋中道右派＋極右＋イスラム主義、すべてから支持を集めている」

『ル・モンド』は、これを「選挙革命(révolution électorale)」と呼び、トルコ共和国のそれまでの歴史の崩壊としている。支持しなかったのは、都市部のエリートのケマリスト(アタテュルクの理念を絶対視する人)、世俗主義者、そして軍人たちだったと指摘している。

二〇〇四年一二月一七日、ブリュッセルで開かれたEU首脳会議でトルコとの正式加盟交渉を二〇〇五年一〇月三日から開始することが全会一致で承認された翌日の『ル・モンド』は、次のように報じた。

「トルコの市民社会はテイクオフした。従来のパターナリズムによる『国家の父』に依存する体質は変わった。その際にトルコに対して求められた改革は非常に重いものだった。人権の尊重はトルコに対する勧告の中心をなした。自由、民主主義、人権、基本的自由の原則、『法の支配』を受け入れることは絶対の条件で、これらに持続的、深刻な違反があるときはEUは交渉を停止する。これらの改革が不可逆な政治改革プロセスとして可視化されることが求められたのである。死刑廃止はもちろんのこと、拷問と虐待の禁止は絶対(ゼロ・トレランス)の要件とされた」(『ル・モンド』二〇〇四年一二月一八日)

この厳しい要件に対して、トルコが応えようとしたモチベーションとは何だったのだろう。当時、EU加盟交渉を前向きにみる人たちは、EU基準はトルコの基準点であり、長期的な改革が外国からの投資をもたらすことを期待していた。これこそEU加盟のトルコにとっての魅力だったのである。トルコには多様性に反対する勢力があった。民族問題でのトルコ民族主義者、国家と宗教のあり方をめぐっては世俗主義者が、多様性の承認を阻んできたことは事実である。問題がこれらに集中すると、トルコ社会は絶えず分断され、分極化されてしまう。トルコ共和国の歴史で初めて、エルドアンの公正・発展党政権は、分断を修復し統合するためのプラットフォームを形成するとして、EUの要求を受け入れたのである。これは画期的な転換だった。

その後、EUとトルコの関係は、文字どおり、紆余《うよ》曲折を経ることになる。EU加盟は実現せず、時に激しく対立し、時に妥協することの繰り返しであったが、トルコがEU加盟を放棄したことは一度もなく、ヨーロッパに背を向けると宣言したことも一度もないのである。

二〇〇五年一〇月三日に加盟交渉はスタートした。EUの加盟交渉はアキ・コミュノテールというEUの法や規則の蓄積に関する三五項目(チャプター：章)を一つ一つクリアしていく作業が必要になる。アキ(acquis：蓄積されたもの)、コミュノテール(communautaire：共同体の)だから、EUの基本条約から共通外交・安全保障政策まで含む。ただ、加盟交渉に必要な三五のチャプターは、たとえば、労働者の自由移動、資本の自由移動、会社法、農業と村落開発、水産業、エネルギー、司法と基本的人権、環境、対外関係、金融政策など、具体的な政策に関するルールを加盟候補国がEUの蓄積したアキに整合させていくことになるのである。

キプロスの反対で最初から暗礁に

ところが、トルコとの加盟交渉は、最初から暗礁に乗り上げてしまった。フランスが五つのチャプターを、キプロス共和国が六つのチャプターを止めて、交渉をブロックしたのである。

これは、加盟国であるキプロスをトルコが承認していないところから、主として関税に関するルールを満たせないと判断されたためである。ここでキプロス共和国による反撃が開始された。

トルコは、二〇〇四年の住民投票で結果が割れ、当事者であるキプロス共和国が国連のアナン提案を葬ったことに強く反発していた。アナン提案によるキプロス再統一が実現していれば、トルコはキプロス共和国を国家承認することにしていたのだが、その前提が崩れたため、交渉開始の時点でトルコはキプロスを承認していなかった。なにより、アナン提案に賛成した北キプロスのトルコ人を見捨てるようなことはできなかったのである。

いま、この話を聞くと、「加盟国を承認しないのはおかしいだろう」と思われるかもしれない。しかし、当時シュレーダー首相やブレア首相も認めていたとおり、分断状態の継続を主張したのはキプロス共和国の側だった。EUと国連は立場が違うとはいえ、国連事務総長が仲介して提案した再統一案をギリシャ側が蹴ったことに不快感をもったドイツやイギリスの意向で、トルコに対して、キプロス共和国の承認を加盟交渉開始の条件としなかったのである。

わずか一年で中断したEU加盟交渉

そして、交渉開始から一年たった二〇〇六年一二月一四〜一五日、ブリュッセルでのEU首脳会議は、トルコが関税同盟の追加議定書(二〇〇四年に新規加盟した一〇か国に対して同じ対応を求めるもので〇五年七月二九日に調印）を履行せず、キプロス共和国の船、航空機、トラックなどのトルコへの入域を認めていないことを理由にトルコのEU加盟交渉を中断した。一九九五年にトルコをEUにつなぐきっかけになった関税同盟が、ここに来て、トルコのEU加盟の障害となったのである。最後の段階になって、エルドアン首相はキプロスの船や航空機にトルコ国内の港と空港を開放するかわりに、北キプロスの港湾と空港を国際的に承認してほしいという提案を、当時の議長国フィンランドに対して非公式に行った。キプロスの国家承認問題とは切り離して、商品と輸送の自由で譲歩しようとしたのである。だが、EUはこの提案を一蹴した。そして、交渉開始から一年目のEU首脳会議への代表派遣をトルコは見送った。

キプロス承認が加盟交渉開始の条件ではなかったことを考えれば、トルコにとって、このプロセスは不当なものだった。関税同盟の追加議定書にしても、それがキプロス共和国の承認を意味しないことはEU側に通告されていたのである。

トルコのEU加盟交渉中断には、政治的側面が大きく作用していた。二〇〇五年一一月、トルコの加盟を強く推してきたドイツのシュレーダー首相が、加盟交渉開始の直後、選挙に敗れて首相を退任した。代わって首相となったアンゲラ・メルケルは、一貫してトルコの正式加盟には否定的で、オーストリアやフランスが主張する「特権的同盟関係」にとどめるべきだと主張することになる。フランスも、シラク大統領は力を失い、二〇〇七年にはニコラ・サルコジが大統領に就任する。彼もまた、トルコの加盟には否定的だった。

トルコは、もちろん、「特権的同盟関係」の提案を拒否した。EUには、加盟国というステイタスしかない。トルコが初めて「特権的同盟関係」を受け入れるなら、それもまたアキ(蓄積)の一ページとなっただろう。しかし、二〇〇五年の交渉開始の時点で、一九六三年の協議再開から四二年も待ち続けたトルコは、ここでセカンド・クラスのステイタスを作ってやると言われて応じることなどありえなかったのである。

結局、三五のチャプターのうち、二〇〇六年から二〇年までに一六チャプターが開かれたが、交渉が終わって閉じられたのは一つだけである。加盟はいまだ実現していない。加盟交渉開始から二〇二三年で一八年になるが、これほど長期間を要した国はトルコ以外にはない。

トルコ国民の思い

「見果てぬ夢」から国民の希望へ

トルコは、二〇〇二年以来、大変な勢いで改革を進めた。なにより重要なのは、トルコ国民にとってのEU加盟の意味が劇的に変わったことである。それまで、EU加盟はトルコのエリート層、イスラム嫌いで親西欧の世俗主義者の「見果てぬ夢」だった。それが、大都市だけでなく、地方の農業従事者、漁業従事者、酪農従事者をはじめ、あらゆる産業で働く労働者の希望、言い換えれば国民の希望へと変わったことである。

そして、アキのチャプターがいつ開かれてもいいように、国内の改革は続けられている。食品の安全基準から教育水準にいたるまで、EU基準を目標に品質を高めていったのである。いまでは、エラスムス計画にそって留学する学生も増えた。公共の場での禁煙（それ自体はトルコ独自の施策だったが）もEUと歩調を合わせて進めた。EUへの輸出品に必要なCEマークも、いまや多くの製品が取得している。トルコ産のワインも、この二〇年で質が向上しただけでなく、原産地呼称や品種記載をするようになっている。これらが、EU加盟に結びつくかどうかを問わず、目指すべきスタンダードとして広く認識されるようになったことは確かである。

二〇二二年にアメリカのジャーマン・マーシャル財団が行ったアンケート（次ページ表参照）の結果が興味深い。

ヨーロッパからのイスラム嫌悪（イスラモフォビア）、トルコ嫌悪は、過去二〇年、鎮静化していない。それは二〇二三年の大統領選挙に関する報道にも顕著に表れていた。にもかかわらず、トルコ国民はヨーロッパとのつながりを重視し、EUへの加盟を望んでいる。それでもなお、EUの市民は「トルコはヨーロッパではない」、「ムスリムはヨーロッパに居場所はない」と言い続けるのだろうか。

トルコのEU加盟問題についての国民の思い

いま、国民投票があったらEU加盟に賛成するか？	
賛成する	61.4%（18〜24歳：75%）
反対する	29.6%（18〜24歳：18.4%）
歴史的にトルコはヨーロッパの一部か？	Yes 57.2%
経済的にヨーロッパの一部か？	Yes 45.6%
安全保障上ヨーロッパの一部か？	Yes 44.5%
文化的にヨーロッパの一部か？	Yes 33.1%
EU加盟は利益になるか？	
個人的に利益がある	55.7%（18〜24歳：73.9%）
個人的利益はない	37.9%（18〜24歳：22.4%）

（Bloomberg HT, 2022年4月14日）

トルコのEU加盟が二〇〇〇年代の前半に実現していたら、シリア内戦、ヨーロッパを襲った難民危機、イスラム過激派によるテロ、そしてウクライナ問題までも、現在とは違う経緯をたどることになっていたと私は思うのである。

アメリカのイラク戦争がもたらした混乱

この章の最後に、トルコのEU加盟交渉が始まった当時の中東にも目を向けておこう。中東は大事件の渦中にあった。二〇〇三年にアメリカが起こしたイラク戦争である。イギリスはアメリカに追随したが、フランスやドイツは参戦しなかった。後に、アメリカが開戦の理由だと主張した大量破壊兵器の隠匿、フセイン政権とイスラム過激派との関係は根拠がなかったことが明らかになった。だが、長らくイラクを支配したサッダーム・フセインという独裁者の政権は崩壊し、イラクは分裂することになった。アメリカは、この戦争を支持した北部のクルド人との関係を緊密にしていくことになる。このことは、二〇一〇年代の半ば以降、トルコとアメリカの関係が史上最悪の状態になる遠因となった。

イラク戦争の際、トルコは大国民議会で熟議の上、派兵を拒否した。派兵に前向きだったエルドアン首相と政府が提出したのは、「三月一日の動議」と呼ばれるもので、二〇〇三年二月二五日に、イラク危機に関してトルコ政府により大国民議会に諮られ、議会によって否決された。正しくは「トルコ軍の外国への派遣と外国軍がトルコ国内に存在することの許可に関する首相による動議」である。動議の内容は、トルコの安全保障上の必要のため、トルコ軍をイラク北部に派兵することと、外国軍が作戦行動のためにトルコの領空を飛行し、最大六万二〇〇〇人の外国軍が六か月間トルコ国内に滞在し、二五五機の軍用機と六五機のヘリコプターが駐機することが柱である。

審議は、与党からの反対意見、野党からの賛成意見も出て混乱した。投票には五三三人の国会議員が参加し、賛成二六四、反対二五〇、棄権一九となった。だが、憲法の規定で過半数二六七票に達しなかったため、動議は否決されたのである。しかし、四日間にわたって審議したうえで否決したことは、議会制民主主義が機能していることを世界に示すものだった。イラク戦争への参戦を拒否したことは、フランスやドイツなどＥＵの主要国にとって、ポジティブなサインとなったのである。当時のブッシュ政権でさえ、民主的な意思決定プロセスを尊重すると言わざるをえなかった。

三月一九日に、政府は再度動議を提出した。米軍のトルコからの出撃は認めないかわりに領空の通過と米軍兵員のトルコでの滞在を認め、トルコ軍のイラク北部への必要な出撃を認めるというもので、エルドアン政権は、これを認めなければ政府に対する不信任とみなすと強い姿勢に出た。その結果、賛成三三二、反対二〇二で動議は可決されている。

これ以来、トルコはアメリカとEUという西欧の巨大な力と向き合いつづけてきた。翻弄《ほんろう》されることなく、敵対するのでもなく対峙し続けることの難しさは、その後二〇年のエルドアン政権の性格に決定的な影響を与えることになる。

第5章　世俗主義をめぐる闘い——軍部と司法の最後の抵抗

ヒジャーブ姿で登校しようとする女子学生を阻止する大学当局者(イスタンブール大学にて、『ザマン』1998年8月14日)

二〇〇七年四月二七日、大統領選挙

共和人民党の投票ボイコットで大統領決まらず

この日、トルコ大国民議会は、アフメット・セゼル大統領の任期満了に伴う大統領選挙を迎えた。与党の公正・発展党は、アブドゥッラー・ギュル外相を候補に立てた。彼は、保守的なイスラム主義の政治家である。夫人のハイリュンニサは、ヒジャーブを着用しているがゆえに大学進学を断念せざるをえなかったという経歴の持ち主である。野党の共和人民党とその支持者たちは、一斉に、イスラム主義者が大統領になることに反対した。当時、トルコでは、大統領は象徴的に軍の統帥権をもつ国家元首だったが政治的実権はなかった。首相と閣僚による内閣は、一院制の国会(トルコ大国民議会)の与党によって構成される議院内閣制だった。そして、大統領は国会で選出する決まりだった。

前任のセゼル大統領は、前職が憲法裁判所長官であり、世俗主義をはじめアタテュルクの理念と原則に忠実な人物だった。この大統領選は、公正・発展党が安定与党となって初めての選挙となった。第一回投票で議員総数五五〇の三分の二、つまり三六七票を得れば、それで決まる。しかし、ギュルが得たのは三五七票だった。二〇〇二年一一月三日の総選挙で公正・発展党は三六三議席を得ていたが、安定多数ではあるものの三分の二には達していなかった。

ギュルの得票が三分の二には届かないことを見込した野党の共和人民党は、第一回投票をボイコットした。それでは一回目の投票を繰り返しても、大統領を選出できない。憲法一〇二条の規定で、第一回と第二回投票で選出されるには、三分の二、つまり三六七票が必要、第三回以降は単純過半数の二七六票で選出となっていたのである。共和人民党の党首デニズ・バイカルは、与党がギュルを候補から降ろさないかぎり、第一回投票をボイコットすると主張していたから、このままでは、事実上、大統領選挙を実施できない。しかも、共和人民党は、この状況での大統領選の無効を憲法裁判所に訴え、五月一日に無効という判決が下された。

共和人民党とその支持者が、イスラム主義者のギュルを嫌ったことはわかる。選挙の前、全国で「共和国集会」と銘打った市民集会が繰り返され、イスラム主義者が大統領になることに多くの市民が反対の声をあげていた。だが、大統領選の投票のために議場に来ないというのは、民主的な議会制度を否定するものだった。当時、私もイスタンブールでの「共和国集会」を見たが、イスラム主義者の大統領は嫌だ、大統領官邸でヒジャーブ姿のファーストレディを見たくない、世俗主義万歳……とほとんどが感情的なスローガンに終始していて、オルタナティブとしてどういう選択肢があり得るのかは全く示されなかった。

その日、私はアゼルバイジャンの首都バクーにいた。イスラム協力機構（OIC）の国際会議で講演するためである。休憩時間にテレビを見ていると、ちょうどトルコの放送を流していて、共和人民党の投票ボイコットのニュースを伝えていた。私の隣に、かつて外相や国会議長も務めた共和人民党の重鎮ヒクメト・チェティンがいたので、彼に、この事態をどう思うか尋ねた。すでに政界を引退していた彼は、「イスラム主義の公正・発展党を好きではないが、かといって、共和人民党のやり方は間違いだ。あれでは民主主義を自分で否定するようなものだ」と言った。私も同感だった。ふだんはイスラム主義に対抗して自分たちこそ民主主義者だと主張していた世俗派の共和人民党のやるべきことではなかった。

だが、私の頭には、もう一つの懸念が浮かんだ。彼らは、おそらく軍部の意向に合わせて行動しているのではないか、ということである。

軍による「通告」

そして、この懸念は現実のものとなった。同じ四月二七日の深夜二三時二〇分、軍の統合参謀本部のウェブサイトに一通の「通告」が掲載された。トルコ語ではビルディリ（Bildiri）となっていたが、トルコでは過去の軍部による政治介入の「警告」にならって「メモランダム（覚書、ムフトゥラ Muhtıra）」と言われることも多い。

内容は、冒頭で、世俗主義(ライクリキ、laiklik)を始めとする基本的な諸価値をなし崩しにしようとする行動が相変わらず続いていることを批判している。そして具体例として、四月二三日の「子どもの日」に、東南部のシャンルウルファ、マルディン、ガジアンテプ、ディヤルバクル県で、いくつかの集団が、子どもたちはとうにベッドにいるべき時間に「時代遅れの」服を着せて、コーランの朗誦コンテストをやらせたという。他にも、アンカラの貧困層が集中する地区で、ユルクの肖像とトルコ国旗を下ろしたという。しかも、その場ではアタテュルクの肖像とトルコ国旗を下ろしたというのである。しかも、その場ではアタテ小学校の校長たちを集めて預言者ムハンマドの誕生週間を祝ったなどの事例を列挙している。

そのうえで、「共和国に敵対し、国家の基本原則を軽視する以外のなにものでもない、この反動的な思惑、最近の出来事や発言が、このような行動を拡大させている」とし、「憲法の性格と統治に反するものである」と厳しく批判している。そして、最近の大統領選では世俗主義に関する議論が焦点となっているとし、このことがトルコ国軍によって懸念をもって注視されていると警告したのである。

さらに、「忘れてはならないのは、トルコ国軍は、この論争について支持する立場ははっきりしており、世俗主義の決然たる守護者である。同時に、トルコ国軍は、逆行する動きに対して断固として反対し、対応と態度を明確に、かつ真剣に示すことになるだろう。この点について、誰も疑いの念を持ってはならない」と書いている。

最後に、「共和国建国の父、偉大な指導者であるアタテュルクが言った『トルコ人だと言えることは、なんと幸いなことか』という理解に反対するすべての者は、トルコ共和国の敵である。トルコ国軍は、共和国の基本原理が守られるために、法に基づいて自らに与えられた明確な義務を不足なく実行するという点において、微動だにしない決意の持ち主であり、この決意に従うという信念は絶対的である」と最後通牒のような文言で締めくくられている。

「通告」は国内を震撼《しんかん》させた。「軍は、またクーデタを起こすのか？」という不安が市民を覆った。この一〇年前の一九九七年は、軍部が国家安全保障会議の場で、当時のイスラム主義の首相ネジメッティン・エルバカンに対して、公の場からイスラムを排除する要求を突きつけて退陣に追い込んだ年だった。しかし、第3章で書いたように、軍はこの「密室のクーデタ」からは何も得られなかった。かえって公正・発展党政権の樹立を促す結果に終わったのである。

軍の幹部はそのことを覚えているはずだった。では、何のためにこのような政権への恫喝を「通告」として出したのだろう。エルドアンたちの公正・発展党政権が、イスラムを公的な場で可視化させていくことへの嫌悪があったことは間違いない。だが、同時に、軍部は、軍が政治を支配してしまうような直接的クーデタはもちろん、この種の文書による恫喝で公正・発展党政権を転覆させることはもはやできないことを知っていたはずである。それは、二〇〇二年の選挙での与党の圧倒的勝利がなによりの証拠だった。

軍部の介入を期待した世俗主義勢力

共和人民党の幹部は、軍の「通告」を歓迎した。共和人民党は、自ら社会民主主義勢力を名乗り、世俗主義を擁護することでトルコが進歩すると主張してきた。世俗主義を支持するジャーナリストは、軍の警告を真に受けないと大変なことになる、つまりクーデタが起きるかもしれない、と間接的に政権のイスラム主義を批判した。

私は、この構造がトルコの世俗主義を結果的に崩したと考えている。世俗主義が民主的な体制の根幹にあると主張しながら、世俗主義を守るために軍の力に頼るのであれば、そもそも民主主義が成り立たないからである。

同じことは、政党の閉鎖を審理する憲法裁判所、共和国検察庁と行政裁判所にも言える。法の支配が民主的な制度に欠かせないことは当然だが、その司法が立法府(議会)を構成する政党を容易に閉鎖できるのでは、司法が立法に対して過度に優越することになる。欧州議会のＥＵ拡大担当委員のオッリ・レーンも、問題は裁判所ではなく議会で解決すべきだという立場をとっている。この問題は、イスラム主義と世俗主義、クルド民族主義とトルコ民族主義が対立するときに繰り返されてきた。それが第二次世界大戦後のトルコだった。

国民に見抜かれた共和人民党の欺瞞

結果として、共和人民党による大統領選のボイコットは、国民の支持を得られなかった。エルドアン首相は、ただちに国会を解散し早期に総選挙を実施することにした。三か月後の七月二二日、総選挙は行われた。その結果、公正・発展党は三四一議席、共和人民党は一一二、民族主義者行動党が七一、そして無所属が二六となった。無所属のうち二〇人はクルド系で、当選後に民主社会党を結党して会派を構成した。与党は思ったほど議席を増やすことはできなかったが、安定多数は維持した。共和人民党は、この問題もあって大きく議席を減らした。代わって、極右の民族主義者行動党が議席を復活させた。

やり直しの大統領選挙は八月二〇日に実施されることになったが、共和人民党はまたしてもこれもボイコットした。だが、この選挙で議席を得た民族主義者行動党、共和人民党の候補者リストに加えてもらって当選した民主左派党が参加して各々候補を立てたため、必要な数の議員は議場にいることになり、選挙は成立した。最終的に八月二八日の第三回投票で公正・発展党のアブドゥッラー・ギュルが三三九票を得て第一一代大統領に選出されたのである。

この間に、重要な変革への布石が打たれた。エルドアン政権は、二〇〇七年五月三一日、憲法を改正して、大統領を直接選挙に変更する方針を打ち出したのである。任期は従来の七年から五年に短縮し、併せて国会議員の任期も五年から四年に短縮した。

この憲法改正は、二〇〇七年一〇月の国民投票を経て、二〇〇八年二月に議会で成立したが、任期満了後も次の大統領が選出されるまでその職にとどまっていたセゼル大統領は、これを拒否した。再度、議会に差し戻された憲法改正案は、三七〇票の賛成で成立した。これが、強い権力をもつ大統領制への布石となったことは重要である。

軍は、四月二七日の「通告」以上の行動には出なかった。繰り返しになるが、一九九七年にイスラム主義政党のエルバカン首相を退陣に追い込んだ軍は、結果的に、軍の望む世俗主義体制を復活させることはできなかった。そして二〇〇七年の「通告」で政権を恫喝した結果、責任内閣制は崩れ、強い権力をもつ大統領制に移行させてしまう結果となったのである。さらにそれから一〇年を経ずに、軍は当時思いもよらなかったかたちで、シビリアン・コントロール（文民統制）に服すことになるのである。

軍内部の政治介入への躊躇

ここで一つ私見を付け加えておきたい。私は当時、政権側だけでなく、軍部の考えを聞く機会を得た。異例のことだが、二〇〇八年に統合参謀本部のシンクタンクが主催する国際会議「中東、混迷のなかの将来と安全保障の課題」に講演者として招待されたのである。しかも私に与えられたテーマは「中東に起因する諸問題におけるトルコの役割」だった。

そこで私は、ヨーロッパとトルコの世俗主義に対する理解の相違をもとに、イスラムと世俗主義の関係について話した。そのうえで、軍というのは世俗的な機関であるから、たとえ政府がイスラム主義を採っても、その姿勢そのものは変えられない。両者が別のプリンシプルを維持しつつ、その緊張関係のなかで、中東での安全保障に寄与すべきだと主張した。

その中で、「イスラム主義者」という言葉を使ったのだが、英語ではIslamist、トルコ語ではイスラムジュ(Islamcı)になる。日本語でも英語でも、イスラム主義というのは、イスラムの復権を政治的イデオロギーとする政治運動のことで、必ずしも、差別的、敵対的な表現ではない。だが、トルコでイスラムジュと言ってしまうと、一九九〇年代にイスラム主義者を揶揄《やゆ》し、蔑視するときに使われた「宗教屋」、トルコ語ではディンジ(Dinci)という言葉の延長線上で「イスラム屋」と言っているように聞こえるのである。

原稿を事務局に出した後、軍の担当官から、この表現を変えてほしいとメールが来た。それ以外にも、政権に言及している部分を何とか変えてほしいというのである。私の報告は、イスラムに関して穏健と過激のあいだに線を引くことは本質的にできないということを理解したうえで、国軍が世俗主義の守護者であるならその立場を貫く以外に道はないという趣旨であった。

会議を統括する統合参謀本部からも、政権を刺激するような言及を控えてくれというメッセージが来た。私は、軍の立場が一年前の「通告」に示された当時から変化していることを感じた。私は、政権の擁護も軍の擁護もせず、それまでに公開されている情報から自分の考えを述べただけだった。何回かのやり取りの末、「イスラム主義者」は「イスラムを政治の場で広めようとしている人たち」ならいいかと聞いたところ、「適切だ」という返答が来た。

実のところ、あまり煩《うるさ》いことを言うようなら講演を辞退すると告げたのだが、参謀本部からは「それは困る」という返事が来た。ふつう外国人研究者は軍という組織の内部を垣間見ることさえできないから、私もこの機会を利用しようと考えた。そして、ある程度、軍の要望に配慮して文章をまとめた。イスタンブールに着いてから、担当の将校に、なぜあれほど政権に気を遣ったのか、なぜ日本人の私をトルコの安全保障のテーマで講演させたのかと尋ねた。前者に対する将校の答えは「聞かないでください」、後者に対しては「最近、トルコ人の研究者には右顧左眄《うこさべん》する人が多いので、政権に忖度《そんたく》する必要のない人を呼びたかった」とのことだった。

ここに、「通告」を発した当時の軍部の深い悩みをみることができる。もう一度、「通告」の文面に戻ってみよう。私は、これを読んだときに違和感を感じた。世俗主義という国家の大原則を断固として守ると宣言し、大統領選での反動主義に立ち向かう決意を示すのであれば、与党政治家の発言や行動を例に挙げるのが通例である。しかし、反動主義の事案として示されたのは、子どもの日の夜遅くに女子児童にヒジャーブを着けさせてコーランの朗誦をさせたとか、先生たちにムハンマドの誕生祝いに参加させたというようなことだった。些末《さまつ》なこととは言わないが、統合参謀本部の文書としては、趣旨と事例のあいだに大きなギャップを感じたのである。署名はないものの、この文書は、ヤシャル・ビュユクアヌト参謀総長によって発出されたことは明らかだった。

実は、ここにも軍の苦渋の選択が表れていた。九〇年代まで、軍はイスラム主義の政治家の言動そのものを、過去の映像を暴露しては追及した。たとえば、エルドアンやギュルが、「イスラムと世俗主義は両立しない」と演説しているシーンは、軍の情報機関を通じてマスコミに流されていた。しかし、選挙で圧勝した後の二〇〇七年の時点でそれを繰り返せば、国民は軍に対して反感を募らせる危険があった。国軍という組織は、いつ、いかなる状況にあっても、国民の信頼だけは失ってはならない。歴代国軍トップの参謀総長が最も心を砕いてきたのはその点である。そこで、国民のほとんどが、「それは良くない」と納得するような身近な例に訴えるしかなかったのである。

公正・発展党閉鎖裁判

イスラム世界では特異な世俗主義は、いかにして憲法原則となったか

トルコは世俗の国である。世俗の国というのは、第一に国が宗教的な規範を国民に強制しな

い。トルコでは世俗主義のことをライクリキ(laiklik)と言う。本書でも、他に適当な訳語がないので世俗主義と書くが、世俗主義と言っても内容にはかなり幅がある。日本の憲法でも規定している政教分離も、世俗主義に基づく原則の一つである。

トルコの世俗主義は、かなり厳しい。ムスリムが圧倒的多数を占める国で世俗主義を適用するのは、最初から、ひどく困難だった。そもそも、トルコ語には世俗主義に相当する単語はなかった。ライクリキという単語も、フランス語のライシテ(laïcité)からの借用である。根本的なところで、イスラムの教えは世俗主義と両立できない。

イスラムでは、超越的絶対者であるアッラー(唯一神)は、森羅万象、もちろん人間社会のあらゆる細部にいたるまで、あるいは個々の人間の運命にいたるまで、すべての現象を支配し、決定する存在である。そのアッラーの手が及ばない領域を人間社会につくりだすのが世俗主義という思想である。アッラーが関与できない領域というのは、立法、行政、司法、公教育など「公」の領域である。当然、国家もそれに含まれる。

そうは言っても、公の領域には宗教が、どのくらい表れても許されるかは、国によってまちまちなのである。厳しく禁止される国もあれば、規制が緩い国もある。トルコは、建国後一〇年ほど経ってから非常に厳しく禁止するようになった。

トルコは、一九二三年の建国後から、段階的に、イスラムと国を切り離し、一九三七年の憲法で明確に「世俗の国家」をうたった。建国の翌二四年の最初の憲法では「イスラムは国教」だった。ただし、この年には最後のカリフを廃位させ、シャリーア法廷を廃止、二六年には世俗法の民法を制定、二八年には「イスラム国教条項」の削除、三四年には女性参政権を承認、三七年に憲法で「世俗の国」を宣言したのである。

国の方は「世俗化」したのだが、敬虔なムスリムの国民は世俗主義の意味を分からなかった。ムスリムにとって、道徳規範を含めて善悪の基準となる法というものはイスラムの法(シャリーア)しかなかったからである。建国から一〇〇年たったいま、考えてみると、世俗主義と妥協して生きていけるムスリムならいくらでもいる。だがその一方で、ほぼムスリムでできている国なのだから、シャリーアを法に取り入れて欲しいと考える国民も一定数いる。

繰り返すが、トルコにとって、世俗主義のモデルをフランスから採ったことが不幸だった。西欧諸国は、程度の差こそあれ、世俗の国なのだが、フランスは宗教と公的領分との切断が最も厳格である。それに対し、ドイツ、イギリス、アメリカなどは、切り離し方がフランスよりも緩やかである。この問題は、『ヨーロッパとイスラーム』(岩波新書、二〇〇四年)、『イスラームからヨーロッパをみる』(岩波新書、二〇二〇年)に詳しく書いたので、ここでは繰り返さない。

検察と憲法裁判所、政治介入の最後の闘い

イスラム政党が何度も閉鎖させられてきたことは、すでに見た通りである。だが、この問題は、現在の公正・発展党の政権、エルドアン政権が誕生した後も起きた。二〇〇八年には、共和国検察庁が憲法裁判所に対して公正・発展党の閉鎖を求めて訴訟を起こした。いったい、トルコ国家において、どのような根拠と論理で、イスラム政党を閉鎖しようとしてきたのだろうか。

最初に争点となる憲法の条文の要点をあげておこう。

第二条　トルコ共和国は世俗国家(ライクな(laik)国)であるという原則。
第一〇条　宗教・宗派によらず国民は平等。
第一四条　言語、民族、宗教、宗派による分断をつくりだし、それに基づく国家体制を樹立する目的で憲法の規定する基本的権利と自由を行使することの禁止。これを扇動することの禁止。
第二四条　個人は良心、宗教上の信仰と見解の自由をもつ。礼拝や宗教儀礼への参加を強制されず、宗教上の信仰や見解の表明を強制されない。宗教上の信仰や見解ゆえに非難され、罪に問われることはない。宗教と道徳の教育は、国家の監督と監査の下で行われる。
第六八条　政党に関する規定。国家、国土、国民の不可分の一体性を毀損してはならない。
第六九条　政党の閉鎖は、共和国最高検事が提訴する裁判によって、憲法裁判所の決定に拘束される。憲法第六八条第四項の規定に違反した政党の活動を理由とする永久の閉鎖は、その性格が政党活動の中心になったと憲法裁判所が判断した場合のみ決定される。政党の永久閉鎖の理由となった言動をした党の創設者を含むメンバーは、憲法裁判所が閉鎖に関する最終決定を官報に事由を付して掲載されてから五年間、他の政党の設立者、党員、幹部、監査役に就任できない。

【条文追加】違反行為がその党の党員によって集中的になされ、党大会、党首あるいは党中央の決定による、あるいは大国民議会の党派全体会議の決定である場合は「問題となっている行為が『焦点』となったとみなす」(二〇〇一年一〇月三日付、法四七〇九号、第二五条)

【条文追加二】「憲法裁判所は、上記の条文による永久的な閉鎖の代わりに、問題の行為の重大性に応じて、国家による政党助成金を部分的あるいは全額を没収する決定を下せる」(二〇〇一年一〇月三日付、法四七〇九号、第二五条)

二〇〇八年の公正・発展党閉鎖訴訟の訴状を読むと、ほとんどがレジェップ・タイイプ・エルドアンやアブドゥッラー・ギュル、ビュレント・アルンチなど、政党幹部の過去の発言が、憲法第二条、第一〇条、第一四条、第二四条に違反し、彼らが政党の主要メンバーであるところから、第六八条、第六九条、さらに政党法の該当する規定に基づいて、違憲であるとし、政党を閉鎖すべきということになっている。

簡単に言えば、公正・発展党が、世俗主義原則に反して、イスラムによって社会を分断し、不可分の一体性という国家原則を破壊しようとしたというのが閉鎖の主たる事由とされた。これはエルドアンが一九九七年に行った演説で「人びとを宗教的な区分によって憎悪を煽った罪」に問われたのと同じことである。

当時、どういう理屈で、公正・発展党を憲法違反としようとしたのかは、いずれ歴史の中に埋もれていくだろう。トルコの現代史を知るために、煩雑だが、ここで少し紹介しておきたい。以下に挙げるのは、いずれも訴状に記されたエルドアン首相の発言である。

◉穏健な（イスラム）と言われると、あたかも穏健でないイスラムがあるかのように聞こえる。しかし、イスラムは一つだ。世俗主義であることは憲法によって規定されている。イスラムと世俗主義が両立するというのは誤りで、個人は世俗主義を採ることはできない（二〇〇四年五月、オックスフォード大学での講演後の会見）。

◉自分は世俗的な人間ではない。国家は世俗的である。世俗的な秩序を守りつつ、これに対抗することを自分への義務として課している（二〇〇六年六月）。

◉高等教育での被り物（türban）禁止は間違いだ。民主国家では宗教の自由を保障しなければならない。我々は宣教師ではない。トルコには世俗主義の伝統がある。ヨーロッパもキリスト教クラブではない。フランスでの被り物禁止法について、禁止はフランス人が使ってきた方法であり、我々はアングロ・サクソンの道を、より適切と考えている(二〇〇五年一一月、ドイツのWelt am Sontag紙のインタビュー)。

【著者注：この当時、公正・発展党内では、フランス型の世俗主義ではなく、英米型の世俗主義の方が合理的であり、ライクリキの名前は残しつつ、英米型に解釈を変更すべきだという主張が強くなっていた。】

訴状には、エルドアンに続いて公正・発展党主要メンバーの「憲法違反」の発言が延々と記され、次に来るのは、党の「行動」の何が憲法の世俗主義に反するか、さらに、公正・発展党内閣の世俗主義違反行為に関する記述である。

公正・発展党内閣の憲法違反行為としては以下の例を挙げている。

◉教育職員の就業規則で「髪を露出させる」という規則を廃止し、「清潔で適切な服装」とした。

◉貧困層向けに「ザカート(喜捨)のシステムを民間の団体で使えるようにすること、そのためにザカート・マーケット・チェーンを構築すること」が、国家計画庁の第九次発展計画において準備された。

◉高等教育機関における女性の被り物の自由化を目的として憲法第一〇条、第四二条の改正提案が、公正・発展党と民族主義者行動党の議員による共同提案により提出され、関連する高等教育法、法二五四七号、追加一七条の改正案が同じく両党によりトルコ大国民議会に提出されたこと(二〇〇八年一月二九日、一月三〇日)。

そのうえで、世俗主義の憲法をもとに政党を閉鎖させることの法的根拠が延々と述べられている。ここでは、その主な部分を抜粋する。

◉西欧諸国でも数百年の論争を経て、世俗主義は議論の主題ではなくなり、いくつかの西欧の国の憲法では、その重要性を改めて論じるまでもないほどのものと理解されている。

◉トルコは人口の大半をムスリムが占めるにもかかわらず、世俗主義を憲法に採用した最初の国である。

◉ヨーロッパで最も多数のムスリム人口を擁するフランスにおいて、ムスリム女性の被り物は学校と公共の場で禁じられている。ドイツにおいては、いくつかの州で禁止され、またいくつかの州では禁止のための議論が行われている。スイス、ベルギーでも類似の禁止があり、最近ではスペインやオランダでも被り物の禁止が決定されている。

【著者注：この部分は不正確である。当時、ドイツのいくつかの州で禁止したのは、教員のヒジャーブ着用である。ドイツでは、生徒側の「受け身の信教の自由」を重視したためで、ドイツの基本法（憲法）は、トルコのような世俗主義を採用していない。】

◉政治的イスラムとは、個人と神との関係を超えて、国家と社会の秩序をもその範囲に組み込もうとする全体主義である。

◉トルコにおける政治的イスラム主義とそれを基にした政策をもつ被告の政党の最終目的は、法治国家に代わって、宗教的な基礎にもとづく国家システム（シャリーア）を構築することにあると見える。

◉今はそれを隠しているにすぎない。彼らに対する抑圧に耐え、穏健に見せることを勧めているのもその証左である。

◉そのために「穏健なイスラム」モデルを装ってトルコに浸透しようとしているが、それはシャリーア国家に戻り、場合によってはイスラム・テロを使おうとすることさえ、遠い可能性ではないのである。

◉トルコ共和国憲法前文を含め多くの条文に示された世俗主義には、他の解釈の余地はないのである。

◉二〇〇七年七月二二日の選挙後、獲得した票を頼りに、社会をイスラム国家に戻そうとするプロジェクトに乗り出し、まず新憲法の制定準備に着手し、女性の被り物を問題に持ち込み、世俗主義の原理をターゲットにして着々と実行を重ねてきた。

有罪、されど閉鎖には至らず

この訴訟の判決は、二〇〇八年七月三〇日に下された。一一人の裁判官のうち、六人が閉鎖に賛成、五人が反対したが、閉鎖に必要な七人の賛成は得られなかった。結果として、公正・発展党は閉鎖されず、一一人の裁判官のうち一〇人の賛成により、政党助成金の半額を削減するという「罰金」が科された（一二六ページ条文追加二を参照）。長官のハシム・クルチはいずれにも反対した。公正・発展党が直近の選挙で四七％の得票で安定与党となっていた事実は、かなりの重みをもっていた。

判決についての詳細は一〇月二四日に官報で公開された。公正・発展党の世俗主義に反する行動が民主主義を阻害し、憲法上の秩序に対する立憲制の面から問題となる可能性は否定できないとされた。具体的には、大学での女性の被り物の解禁などを指している。

ただし、それでトルコをシャリーアに基づくイスラム国家にしようとし、現在の国家秩序を根底から破壊しようとしていると判断するには至らなかったのである。また、政党の綱領に、世俗主義に反する一節は含まれておらず、公正・発展党が「穏健なイスラム」プロジェクトを実現しようとしているという主張は退けられた。

公正・発展党とエルドアン政権の反撃

閉鎖はまぬがれたものの判決は、いわば「有罪」だった。そこで公正・発展党は、反撃に出た。二〇一〇年、公正・発展党は憲法改正を議会に諮り、賛成三三六、反対七二の圧倒的多数で可決した後、アブドゥッラー・ギュル大統領の承認を経て、九月一二日に国民投票にかけたのである。この九月一二日は、一九八〇年に軍が大規模なクーデタによって政権を奪取した日である。

この憲法改正によって、まず、憲法裁判所の裁判官の構成に手を付けた。予備裁判官四人と正裁判官一一人、合計一五人の裁判官について、予備裁判官を廃止し、裁判官を一七人に増やした。裁判官の任期は一二年とした。議会選出が三人(会計検査院二、弁護士会一)となり、ここには与党の意向が反映されることになった。さらに、最高裁判所(Yargıtay)や最高行政裁判所(Danıştay)が推薦する候補者から選ぶところでも大統領の意向が働くため、結果的に大統領が憲法裁判所人事に強く介入できるようになったのである。そして、政党閉鎖に関する裁判では、従来の五分の三の賛成から、三分の二の賛成にハードルが引き上げられた。さらに、個人が憲法裁判所に提訴することを可能とした。

軍の司法にも大きな制約を課した。とくに、政治介入やクーデタの責任を問えるようにするため、重大な事案は軍事裁判所から切り離され、通常の裁判所で裁かれることになった。そして、戦時を除き、文民が軍事裁判所で裁かれることもなくなった。これは、クーデタによって軍が政治を掌握した際、軍事法廷で政治家が裁かれたこと、一九六〇年のクーデタでは当時の首相が処刑された過去を繰り返させないためである。

さらに、一九八二年憲法暫定第一五条を削除した。これは、一九八〇年九月一二日のクーデタ後に招集された議会と国家安全保障評議会(Milli Güvenlik Konseyi)の下でなされた決定と行為に関しては、刑事的、財政的、法的責任の追及もされないというものだったが、削除によって、後に、クーデタの首謀者のうち存命の軍人が逮捕され訴追されることになった。

こうして、エルドアン政権は、司法との困難な闘いを通じて、軍部の政治介入を阻止したのである。

ヒジャーブ問題の帰結

この閉鎖裁判でも焦点となった女性の被り物は、一般的にはヒジャーブとして知られている。

左から、トルコのスカーフ(テュルバン)、ニカーブ、ヒジャーブ、ブルカ(内藤正典『イスラームからヨーロッパをみる』より)

トルコの政治ではテュルバン(türban：ターバン)が一応モダンなヒジャーブ扱いされており、一般論としては被り物(başörtüsü)として論じられる。テュルバンという用語が用いられたのは、一九八〇年代に、保守派の意向と厳格な世俗主義の原則をすり合わせるために、トルコ独特の近代性を備えた被り物として認知させようとしたことが関わっている。

だが、イスラムという宗教での女性の服装規範は、単に、性的な部位を覆えというものである。頭部のうち顔面を除いて性的部位と考える法学派の見解が多いため、喉元、うなじ、頭髪を覆い隠すヒジャーブならばよいとされる。最近では単に「被り物」として論じられることの方が多くなってきた。

ヒジャーブ禁止の歴史的経緯

ここで、ムスリム女性の被り物を禁止した経緯について、簡単に触れておきたい。一九八〇年代にはすでに争点となっていたのだが、その場所は大学だった。高校(リセ)までは制服規定があったが、大学にはそれがなかったからである。もともと、一九八〇年代までのトルコの学校というのは、小学校から大学まで国が運営するものだったから、ダイレクトに国家の原則が適用されていた。

初の私立大学として一九八四年にビルケント大学が設立された。その後、私立大学は、二〇二〇年までに七六校を数えるまでに増加した。この流れのなかで、国立大学はともかく、私立大学にまで制服規定としての被り物禁止を適用できるのかという疑問の声が出てくる。しかも、そもそも制服規定のない大学の場で、なぜ、被り物を取らないと授業を受けられないのか、という疑問の声が噴出したのである。

一九八〇年代、当時のトゥルグト・オザル首相のもとで高等教育を所管する高等教育評議会(YÖK: Yükseköğretim Kurulu)が、何度か緩和措置を発表した。しかしその都度、最高行政裁判所によって退けられていた。そこで、オザル首相は、大学での被り物を容認する法改正に踏み切った。これが、高等教育に関する法二五四七号、付則一六条(一九八八年一二月一〇日付、三五一一号法令)である。

「高等教育機関においては、教室、実験室、クリニック、および通路において、現代的な服装と外見を保たなければならない。宗教的信仰を理由に、身体と頭髪を被り物もしくはテュルバンによって覆うことは自由とする」

これに対して当時の大統領だったケナン・エヴレンが憲法裁判所に提訴し、憲法裁判所は一九八九年三月七日に、この追加条項を破棄する決定を下した。エヴレンは、一九八〇年のクーデタで政権を奪取した当時の国軍参謀総長である。

その後も解禁を求める動きとそれを禁じる判決とが繰り返されるのだが、重要なのは、禁止の根拠が、この「法二五四七号、付則一六条に対する憲法裁判所による却下の判決」(傍点著者)しかなかったことである。つまり、憲法裁判所が被り物の自由化を憲法違反とした判決が禁止の根拠となり、被り物を禁じる法律というものはそもそも存在しなかったのである。そのため、被り物の自由化を拒否する憲法裁判所の判決は、憲法の関連条項を網羅的に示して、そこから、総合的にダメだという判断を導かざるを得なかった。

共和人民党の議員たちは、被り物を認めたらいつかシャリーアが導入されて世俗国家が崩壊すると発言し、被り物は政治的イスラムの象徴であり、反動主義の象徴だと主張し続けてきた。一九九〇年代、まさにイスラム主義政党が台頭しつつあったころ、共和人民党や同系統の左派政党の支持者たちがいかに保守的なムスリムを蔑視していたか、よく覚えている。被り物を着用する女性をカパル(kapalı)=視野が閉ざされているという差別的表現で呼ぶことは日常的であった。保守的な女性が黒衣を身に着けていると暑苦しくて不潔で、そばに寄りたくないと公言する女性教授もいた。国立大学では、あんなものを身に着けていたら自分の講義には絶対に出席させないと言う教授もいた。これらはすべて、私自身が見聞きした範囲の話である。

ヒジャーブ解禁へ

政権側は、ヒジャーブを解禁させるために、大統領直接選挙制と同じく二〇〇八年二月に議会を通過させた憲法改正案で対抗しようとした。第一〇条に「あらゆる公的なサービスを受けるにあたって（差別があってはならない）」、さらに第四二条に「法に別段の定めがない限り、高等教育を受ける権利を奪われてはならない。この権利行使の制限は法によって定める」（傍点著者）という条文を追加することで、法律上の定めのない高等教育機関での女性のヒジャーブ解禁に向けて突破口を開こうとしたのである。だが、この憲法改正案もまた、同年六月、またも憲法裁判所で却下された。

この後、現実には、大学で被り物を着ける学生が増えていった。大学当局も、これを力で脱がせることには躊躇《ためら》いがでてきたのである。そして、国立大学では、被り物を着けた上から帽子をかぶるなどの戦術に出た女子学生もいて、たいへん奇妙な姿であったが、学生たち自身で大学当局に対抗するようになっていった。

そして二〇一三年九月三〇日、エルドアン首相は、民主化パッケージを発表し、女性の被り物を多くの領域で解禁した。禁止が維持されたのは、警察、裁判官、検察官、トルコ国軍のみ。

他の公務員も学校も解禁された。事実上、これ以降、司法の場で被り物を禁止することは難しくなった。

第6章　エルドアン政権、権力機構の確立——権力の集中はなぜ起きたか

トルコ国旗、ケマル・アタテュルク、エルドアンが並んだ横断幕(2019年、イズミールの市庁舎にて)

エルドアン政権の最初の一〇年は、軍部や憲法裁判所との世俗主義をめぐる闘いの時代であった。国民の大半がムスリムであるにもかかわらず、建国以来、世俗主義を国家原則としてきたトルコでは、国民が世俗主義から離反し始めていた。少なくとも、トルコ型の世俗主義に窮屈さを感じていたし、世俗主義をなぜ守らなければいけないのかを多くの国民は理解していなかった。そこで、共和人民党をはじめ世俗主義者の側は、建国の父アタテュルクという「虎の威を借る狐」と化していったのである。

大統領の直接選挙制から大統領制へ

エルドアン政権は、法五六七八号第四条(二〇〇七年五月三一日付)によって憲法を改正し、大統領を国民の直接選挙にすることを決めた。当時のアフメット・セゼル大統領は、この憲法改正法案に拒否権を使って大国民議会に送り返した。だが、議会は再議決して、国民による直接選挙となった。セゼル大統領は議会に拒否の意見書を送っている。

大統領を直接選挙にすると、政党の代表が大統領となり、国民と国家の不可分の統一体であるべきトルコ共和国の国家元首にふさわしくないというのが反対の理由である。政治に左右されることなく、法の支配によって職務を行うべきだというのである。議員は国民が選挙する政党の候補者であり、政治は彼らと政党によって行われるから民主主義は担保されているという。

この拒否の意見書は、非常に長いもので、憲法学者セゼルらしい論理展開である。大国民議会による立法と議院内閣制による行政がバランスをとっていくことで両者を分立させているのに、そこに大統領が割り込むとバランスが崩れると批判している。政治と政党に対して大統領は責任を負わず、中立でなければならないという原則が崩れることを予見しているのである。

セゼルは、なおも続ける。(当時の憲法下で)議院内閣制が基礎となっていることで、法の執行において与党の力が過剰に強くなることを抑制するのが大統領の役割である。その結果として立法と行政とを仕切る与党に対抗できる。政治ではなく、憲法の規定のみに忠実であるがゆえに、それが可能だと主張したのである。

この時の憲法改正は、大統領が国民によって選ばれることを規定するのみで、議院内閣制に関わる憲法の条項には触れていない。もし、そのようなことが実現すると、これまでとは全く異なる新たなシステムの導入となる。それは、議院内閣制を遠ざけ、大統領制を意味することになる。

セゼルの指摘は当たっていた。この二〇〇七年の憲法改正の段階では、与党はまだ議院内閣制には手を触れなかったのだが、二〇一七年の改正で、ついに首相を廃止し、閣僚の任免権がすべて大統領に集中されたからである。

二〇〇七年の憲法改正の国民投票は一〇月二一日に実施され、六八・九五％の圧倒的な支持を受けた。改正内容の要点として、大統領を国民の直接選挙で選ぶこと、大統領の任期を七年から五年に短縮すること、法改正の発議などのために議会を招集するのに必要な議員数を六七％(三分の二)から三四％(三分の一)に引き下げることなどが盛り込まれた。

さらに、二〇一〇年の憲法改正(第5章参照)では、憲法裁判所による政党閉鎖の判決を受けても、その原因となる発言や行動をとった国会議員は免職とならないこと、政党閉鎖の決定に必要な評決は従来の五分の三から三分の二に変更し、閉鎖を困難にしている。その他、憲法裁判所裁判官、裁判官・検察官高等会議の構成に関する変更がなされた。

直接選挙でエルドアン大統領が誕生

二〇一四年、こうして初の国民の直接選挙による大統領選が実施された。五一・八％の得票でエルドアンが第一二代大統領に選出された。野党側は、共和人民党と民族主義者行動党が統一候補のエクメレッディン・イヒサンオウルを立てたが三八・四％の得票だった。彼はイスラム協力機構(OIC)の事務局長を務めた国際派のイスラム学者である。

民族主義者行動党は、文字通りトルコ民族主義の極右政党だが、この時は共和人民党と選挙同盟を組んでいた。その後、二〇一六年には与党の公正・発展党と組むことになり、二三年の大統領選挙でも「ジュムフール(人民)同盟(Cumhur İttifak)」を組んでエルドアンの三選を支持することになる。そして三位には、クルド政党であり、さまざまなマイノリティの権利擁護を掲げた諸人民の民主党から共同代表のセラハッティン・デミルタシュが立候補し、九・八%を得た。デミルタシュは、若いリーダーとして人望があったが、後に、テロ組織に指定されているPKK(クルディスタン労働者党)との関係を否定しなかったことから訴追され、収監された。

この選挙では、前任のアブドゥッラー・ギュル大統領の再選がなくなったことから、ギュルとエルドアンとの確執が取り沙汰された。与党に批判的なジャーナリストが好んで取り上げていたが、実際のところ、そのことが大きな政治問題になったわけではない。ギュルという人は、国民に人気があった。それは、もっぱら彼の人柄による。外国語にも堪能で、非常に論理的に話をする人だが、民衆のあいだに入っていくと、気さくで、親しみやすいのである。それに対してエルドアンは、学歴の面でもエリートではなく、常に緊張感を表に出す人物で親しみやすいタイプではない。ただ、ブリーフィングで聞いたことは即座に正確に頭に叩き込み、他の人に淀みなく説明できる明晰な頭脳を持っている。

エルドアンは大統領になった後、首相には国際政治学者のアフメット・ダウトオウルを任命した。彼もまた、非常に頭脳明晰で論理的な人だったが、頭が切れすぎて政党間の調整のような仕事には不向きだった。首相在任中、二〇一五年六月に総選挙が実施されたが、公正・発展党は二〇〇二年以来、初めて安定多数を取れなかった。四〇・九%の得票だった。野党第一党は共和人民党で二五%、第三党は民族主義者行動党で一六・三%、第四党はクルド政党の諸人民の民主党で一三・一%の得票だった。連立政権の調整ができないまま、一一月に再度、総選挙を実施することになったのである。この選挙では、公正・発展党は票を伸ばしたが過半数にはわずかに届かず四九・五%だった。野党第一党は共和人民党で二五%、次は民族主義者行動党で一一・九%、第三党は諸人民の民主党で一〇・八%であった。この選挙の後、公正・発展党と民族主義者行動党が、事実上の与党を構成することになる。

翌二〇一六年五月二二日、ダウトオウルは首相を辞任した。辞任の原因は、翌一七年に向けて準備されていた憲法草案に対する意見の相違だったようだ。

その直後、七月一五日にはギュレン教団による「クーデタ未遂」事件が起きた。これについては後述するが、この事件で、エルドアンは権力の集中、特に軍部を名目的統帥権ではなく、現実に自分の指揮下に置く必要性を確信することになった。

強力な権限を持つ大統領制の完成

エルドアン大統領は、野党だった民族主義者行動党のデヴレト・バフチェリと連携する道を選んだ。民族主義者行動党の方は、トルコ民族主義の政党でイスラムとは融和的であった。簡単に言えば、トルコ民族がイスラムを獲得したことで、今日のトルコ人(国民)が成り立つという思想潮流を原点とする政党である。

エルドアンは、バフチェリの協力を得たことによって、二〇一七年、憲法改正の仕上げに乗り出した。四月一六日に実施された国民投票の結果は、賛成五一・四%、反対四八・六%だったから、二〇〇七年の時とはうってかわって辛勝である。首相の廃止と大統領による閣僚の任免、すなわち議院内閣制を廃止し、大統領制(トルコ語では「統領制(Başkanlık Sistem)」)に移行することが中心である。大統領は、大統領令(Cumhurbaşkanlığı Kararnamesi)を発布することができるようになり、既存の法に抵触しない限りにおいて、新たな法令を議会を経ずに制定できることになったのである。

そして、従来、大統領は議員である場合には議席を失い、中立性を担保させてきたが、エルドアンは議員ではないものの、公正・発展党の党首の地位にとどまったのである。党籍の離脱は大統領就任の要件から外された。さらに、司法の人事への影響力も決定的に強化されている。

司法の人事を決める裁判官・検察官会議の長は従前から法務大臣が務めていたが、任命権者は大統領である。法務次官も参加するが、その任命権者も大統領である。議会は、会議のメンバーのうち、法学者、弁護士から三人、最高裁判所と最高行政裁判所の裁判官から四人を選ぶことになったが、言うまでもなく、与党の意向が反映される。こうして大統領は、司法の人事権をほぼ手中にした。

立法権で国会が優先される原則は変わっていないが、大統領令に対して野党が反対する場合、国会で、別途、法を制定しなければならない。だが、大統領の党が議席の多数を占めている限り、これは難しい。大統領令は、新たに発生した事態に迅速に対処する権限を大統領に与えたが、その反面、議会が時間をかけて議論する機会を奪うことにもなったのである。もちろん、法案や予算の審議、条約の批准、トルコ国軍の外国への派遣と作戦行動に関する政府への権限の委譲のように、従来からある権能は維持されている。

そして二〇一八年の大統領選では、強力な大統領制のトップとしてレジェップ・タイイプ・エルドアンが大統領に就任したのである。エルドアンの得票率は五二・五九％、共和人民党が推したムハッレム・インジェが三〇・六四％、「良い党」党首メラル・アクシェネルは七・二九％、クルド系政党、諸人民の民主党のセラハッティン・デミルタシュ共同党首が八・四％を得た。

大統領への権力集中をもたらした「クーデタ未遂」事件

ギュレン教団とは何だったのか

二〇一六年七月一五日夜、私自身、何が起きたのか、すぐには理解できない異常な事件が起きた。国軍の戦闘機がアンカラの国会議事堂を空爆し、兵士は市民に発砲し、ボスポラス海峡にかかる橋には戦車が繰り出して市民を威圧した。国営放送は一時放送を中断した。ふつうに考えれば、クーデタである。だが、当時の状況から、軍のトップが指揮をして政権を奪取するとは思えなかった。軍と政権とのあいだは、そこまで緊張した関係にはなかったからである。

しばらくして、休暇中のエルドアン大統領がスマートフォンの動画アプリから国民に抵抗を呼びかけるメッセージを発した。彼も、クーデタに関与した兵士に追われて脱出したところだった。ほどなく、この事件には全軍の指揮官である参謀総長は関わっていないことが判明した。彼も、陸海空軍の司令官も、叛乱《はんらん》兵士によって拘束されていたのである。

では誰が、市街戦に巻き込まれた二五一人の市民が犠牲になるという途方もないこのテロを起こしたのか。政府は直ちに、ギュレン教団によるものだと断定した。現在はFETÖ(Fethullah Gülen Terör Örgütü＝フェトゥッラーの徒・テロ組織)と呼ばれ、政府によってテロ組織に指定されている。

この組織はタリカット、あるいはジェマアトと呼ばれていたが、どちらも教団の意味である。フェトゥッラー・ギュレンという人物は、一九四一年の生まれで、六〇年代にはイスラムの導師（イマーム）を務めていた。その後、道徳的で従順な子どもたちを育てることで、イスラムに引き寄せる教育に熱意を傾けるようになる。彼は次第にモスクの礼拝での説教ではなく、サークルでの講話を通じて私淑する信徒を増やしていった。八〇年代にはトルコ国内での学校経営に乗り出し、急速にリセ（中・高校一貫校）を増やしていく。九〇年代には、組織は急速に巨大化していく。傘下に多くの企業をもち、数百の高校や予備校を全国に展開し、大学も数校もっていた。さらに、新聞やメディアを傘下にもつ一大組織となっていたのである。

並行政府としてのギュレン教団

二〇〇二年に公正・発展党政権が誕生した後、この組織はしばらくのあいだ、政権を支える姿勢をとっていた。ギュレン派メディアのサマンヨル・テレビ（Samanyol TV）には、「キムセ・ヨク・ム？（誰もいないのか？）」という番組があった。

このテレビ番組では、トルコ国内の貧しい一家から、毎回、番組ディレクターに便りが寄せられる。中身は、父親は失業中で家族を養えない。母は、なんとか子どもたちを食べさせようとするが、それもままならない。そして、子どもたちは、金持ちの子どもたちのように自転車もなく、学校にも通えない、というような話である。番組スタッフは、この可哀そうな家族を助けるために寄付を募り、それを携えて一家を訪問する。子どもは夢だった自転車を手にする。

そして、地元の市役所に行くと、公正・発展党の市長がいて、父親のために仕事を世話し、新しい公共住宅への入居も世話して、一家は貧困生活から抜け出すという筋書きである。いかにもヤラセ感のある番組だが、善行の寄付の部分はギュレンの「奉仕」活動の宣伝であり、地元自治体の救貧対策の部分は公正・発展党の宣伝になっていた。

一方、彼らの活動が教育や慈善だけではないことも徐々に明らかになっていった。二〇一〇年前後に、軍などによる国家転覆の陰謀計画「エルゲネコン」が唐突に暴かれ、軍内部の国粋主義者、世俗派のジャーナリスト、知識人などが一斉に逮捕されるという事件が起きた。「エルゲネコン」というのは一種のコードネームだが、誰が、何のために陰謀を謀ったのか、政府にも国民にもよくわからない事件だった。はっきりしていたのはギュレン教団系のメディアが一貫して報道をリードしていたことだけだった。

エルドアン政権を敵視する軍部の陰謀を暴いたのは、政権にとって歓迎すべきことだったはずである。しかし、国家情報機構（MİT）という優秀な諜報《ちょうほう》機関を擁するエルドアン政権が、これほどの陰謀計画に気づかないということはありえなかった。この事件をきっかけに、エルドアン政権はギュレン教団に疑念を抱き始めたと言われる。政権に協力しているうちは良いが、国家機関に埋め込まれた教団の人間が敵対したら危険だと気づいたのである。

一連の「事件」では、トルコ国軍の参謀総長を務めたイルケル・バシュブウ大将まで逮捕された。陰謀を拡散させるウェブサイトの立ち上げにかかわったという、軍のトップを告発するには不釣り合いな容疑だった。バシュブウは一貫して容疑を否定した。彼は寡黙で、政治的な話題をオープンに話すことはなく、軍務に徹する人物である。彼はイスラム主義を毛嫌いしていて、世俗主義の堅持について、政権と反りが合わないことは明らかだった。しかし、彼の逮捕後、エルドアン首相の方が、彼に同情的な発言をして話題になった。エルドアンは、バシュブウがギュレン教団に嵌《は》められたことを理解していたのである。

真相は未だ明らかではないが、結果として、「エルゲネコン」事件での有罪判決の多くが後に取り消され、訴訟は取り下げられた。二〇一六年の「クーデタ未遂」事件後は、「エルゲネコン」事件を担当した検事、裁判官に至るまで、大規模に解雇・追放されることになった。現在は事件そのものが教団による「でっち上げ」だったとされている。

政権に牙をむいた教団

二〇一二年、国家情報機構のトップだったハカン・フィダンがテロ組織に指定されているクルド武装組織のPKKと秘密交渉をもったとして検察が事情聴取しようとした。第7章で詳しくみていくが、これはPKKと和解を図り、クルド問題を打開するための極秘の接触だった。エルドアン政権の中枢は、この時、ギュレン教団が諸刃《もろは》の剣《つるぎ》であることを確信したようだ。検察にも教団のメンバーが浸透しているとすれば危険なことだった。

二〇一三年、エルドアン政権は反撃に出た。ギュレン教団の資金源である予備校を閉鎖すると宣言したのである。

その後、教団は政権に対する敵意をあらわにするようになっていく。政権との溝は深まり、二〇一三年の末から一四年の年初にかけて、教団メンバーの検察官は、銀行の頭取、実業家、閣僚の親族を含む政権中枢への不正資金疑惑を立て続けに摘発した。合計八〇人が逮捕され、二四時間にわたって取り調べを受けたが、政権側は担当検事を交代させたほか、警察署長を交代させるなどしたため、司法への介入、エルドアン首相の強権化として非難された。容疑を受けた有力者の側にも相応の理由があったことは確実で、当時のトルコでは、政権幹部の不正として厳しい目が向けられた。だがそれはギュレン教団による宣戦布告でもあった。

なぜ、教団の戦略を見抜けなかったのか

この組織の危険性は、なぜ、見抜けなかったのだろうか。実は、一九九〇年代からギュレン教団については、賛否両論があった。批判派の論点は、以下の二つに集約される。第一に、この組織がトルコをイランのような宗教国家にしようとしているから憲法に反するというものである。この批判は、ギュレン派をイスラム組織だと捉えていた。そして第二に、この組織はあ

らゆる国家機関に浸透してトルコという国を乗っ取ろうとしていて危険だというものである。確かに、この組織はシャリーア(イスラムの法体系)をトルコに持ち込むことについては何も語っていない。単に、トップにいるギュレンがイスラム指導者だというだけで、彼にはイスラム主義の思想はなかった。その意味で、エジプトのムスリム同胞団やオサマ・ビン・ラディンのアルカイダのようなイスラム主義組織とは完全に異質だったのである。

他方、この教団を評価していたのは世俗主義派の方だった。シャリーアの導入を叫ぶような過激なイスラム主義者ではなく、「穏健でモダンなイスラム」を体現しているというのである。

この教団には、ギュレンを崇高なイスラム指導者だと信じている敬虔な信徒たちがいて、その周辺でひたすら善行(奉仕)運動に励む人びとがいた。ただし、周辺に位置する人たちは必ずしも敬虔な信徒であることを求められてはいない。零細な商工業者からバザールの商人、大企業の経営者もいたが、彼らに求められたのは寄付と人材ネットワークの構築だった。

「クーデタ未遂」事件後、教団の目的はイスラム国家の樹立ではなく、いわばギュレンを教祖とする「帝国」の建設だったことが明らかになった。本質的にイスラムとは無縁の組織だったのである。商工業者に対しては、教祖のカリスマ性に引き寄せ、寄付によって資金を調達する戦略だった。教育部門では、貧しい家に育ちながら勉学に意欲的な子どもを選んで奨学金を与え、ギュレンへの感謝と忠誠心を植えつけて洗脳した。

ギュレン教団は、非常にはっきりした階層性をもつ指導者からなるコアの組織を持っていた。世界各地に責任者を置き、その国に合わせた活動を展開した。プロパガンダ機関としてのメディア企業も持ち、教団とは関係のないジャーナリストや専門家を起用することで影響力を拡大していった。『ザマン(ZAMAN)』紙とその英語紙『トゥデイズ・ザマン』、サマンヨル・テレビ、カナルテュルク(Kanal Türk)は代表的なメディアだったが、すべて「クーデタ未遂」事件後に閉鎖させられた。

「クーデタ未遂」事件との関連で最も重要だったのは、国家機関への人事戦略である。行政機関、司法、教育などあらゆる公の部門に忠実なメンバーを送り込んで、どの役所にも、どの企業にもギュレン派のネットワークを張り巡らせようとした。

彼らの海外進出は中央アジア諸国からスタートした。旧ソ連が破綻した後、質の高い教育を整備できないところに目を付け、優秀な生徒に奨学金を与え、質の高い教育を実践し、国によっては大学も設置し、その国の中枢に人材を送り込もうとした。一九九二年にはカザフスタンに二九校もの学校を開き、キルギスには大学も含めて多くの教育機関を開いた。

二〇〇〇年代、中央アジア諸国を教育の調査で訪れた際、どの国でも、先方の教育省から、代表的な学校としてギュレン派の学校を見学するように言われた。しかも、教育省はそれらの学校を「トルコのリセ」と呼んでいた。トルコ政府の支援でできた学校かと思って訪問すると、ことごとくギュレン派の全寮制学校なのである。確かに理系教育の質が高いことは分かるのだが、生徒たちが静かで無表情で従順であることに違和感を覚えた。ソ連崩壊後、民主化の波を恐れていた中央アジア諸国の政権は、こういう従順な若者たちを必要としていた。教団はそこに付け入ったのである。

政府は諸外国にあるギュレン派の学校の閉鎖を求めたが、善行運動と信じていた各国を説得するのは容易ではなかった。どの国でも、彼らはイスラムを名乗ることはなかったから、イスラム脅威論の標的にもならなかったのである。アメリカについては、教祖のギュレンがペンシルベニアにいて一九九九年以来、事実上、政府の庇護下にあるため、学校の運営に規制はない。ヨーロッパや日本でも、国内法に違反しない限り、彼らの活動を規制することはできない。

歪んだ市民社会組織

トルコ国内での活動は、さらに緻密で大掛かりに展開された。各地にリセや予備校をつくり、大学も複数運営していた。トルコでは依然として貧富の格差が大きい。勉強熱心な貧困層の子どもたちに奨学金を与え、大学進学のチャンスを与えることは非常に大きな意味をもつ。彼らが、将来、ギュレン教団のために働くことは確実だった。大学だけではない。その先の役所、民間企業、警察、検察、裁判所、軍にいたるまで、教団は内部の人間を送り込んでいた。

一九九〇年代には、すでに、国内のシンパは数百万人規模に達しており、多くの政党は、選挙での票をほしいがためにギュレン運動を批判しなかった。この傾向は、企業グループが絡めとられていくプロセスとも重なる。企業が成長するにつれて、接近してくるギュレン派を取引先や顧客から排除できなくなった。学校建設を請け負う建設業者は、当然、教団の関連企業から選ばれる。食品、衣料品から建機、重機にいたるまで、あらゆる部門で関連企業を選んだため、雪だるま式に組織が巨大化したのである。

だが、すでに書いたように、ギュレン運動の危険性を見抜いていた人たちは軍部や司法にもいた。九〇年代の末になると、軍部と司法は、フェトゥッラー・ギュレンの訴追を準備した。だが、その直前に、病気療養を理由に、本人はアメリカに逃亡した。

九〇年代というのは、トルコで初めて市民社会が形成されていく時期にあたる。あるテーマや要望をもとに、社会活動をしていく団体が増えるのは民主国家では当然だった。ギュレン派が「奉仕活動」を名乗っていたのもそのためである。彼らは、地震などの災害の被災者や難民への支援活動にも熱心だった。それは、イスラム的な弱者救済の倫理にもかなっている。

ギュレン教団は、そこに目を付けた。一九九九年のマルマラ大地震のとき、瓦礫の下に取り残された人を捜す人びとは「キムセ・ヨク・ム？(誰もいないのか？)」と叫んでいた。ギュレン派は、その声をそのまま慈善活動の団体名にした。キムセ・ヨク・ム財団は、国内外を問わず災害の際に緊急援助活動に従事してきたが、活動に従事していた人たちにとって、ギュレン教団が「クーデタ未遂」の暴挙に出たことは大変な迷惑だった。

事件後、トルコ政府は、ギュレン教団に対して徹底的な取り締まりを行った。この慈善団体も閉鎖させられた。資金を集中させていたバンク・アシアという銀行も閉鎖され、企業グループも解体された。個人については、各省庁、警察、検察、裁判所、そして軍内部にも徹底した捜査が行われ、何万人もの人が失職、追放、訴追された。学校も経営陣は追放され、教員も解雇されたが、学生・生徒のために、経営陣と教員を入れ替えることで教育は維持された。

事件後、海外に逃れたメンバーは、エルドアン政権の強権、独裁、言論の自由への弾圧を激しく非難し続けている。欧米諸国から「トルコ人」によって発信されたエルドアン大統領への批判には、彼らによるものがかなり含まれていることに注意が必要である。

「クーデタ未遂」事件の深刻さをアメリカやEU諸国がなかなか理解しなかったことはトルコ側に大きな不信感を与えた。だが、ある時期は政権に寄り添い、国内ではイスラム的な善行活動の団体を装い、欧米では、イスラムを出さずに多文化の共生を説いたこの組織の戦略を見抜くのは、非常に困難だったのである。二〇一六年七月一五日の「クーデタ未遂」事件は、第7章でみるクルド問題でのPKKとの和解プロセスの失敗と並んで、二〇一五年以降のエルドアン政権の強権化に道を開く直接の契機となった。

第7章　揺らぎなき「不可分の一体性」と民族問題
——クルド問題の原点と和解プロセスの破綻

トルコの独立を承認し領土を確定したローザンヌ講和会議を経て、ローザンヌ条約に署名するアンカラ政府代表のイスメト・パシャ(1923年7月24日)

民族問題の構造

トルコの時事問題としてよく取り上げられるのが、クルド問題である。日本でも、在日クルド人の難民申請に関する記事のほとんどは、彼らが「国を持たない民族」で「トルコで迫害された」と記述される。彼らが民族の国を持てなかったのは、後で書くように、イギリスやフランスが二〇世紀初頭の中東分割の際に地図から消したからである。トルコ出身のクルド人の日本での処遇について問題があるのはそのとおりだが、それは日本の出入国管理及び難民認定法（入管法）の問題である。日本政府は、そもそも難民の受け入れに驚くほど消極的である。難民申請が通らずに母国に送還されると処刑されると訴える人もいるが、トルコは死刑制度を廃止している。

この問題について気になるのは、ほとんどの場合、記事の前提として「トルコで迫害を受けた難民」と言われる点である。ある人が難民として認定されるかどうかは、本人の置かれた状況によって個別に審査される。ある民族を包括的に難民とみなし得るケースとは、一九九〇年代のボスニア紛争のように、よほどひどい内戦が起きて特定の民族が組織的に政治的迫害に遭ったりジェノサイドの犠牲になったか、ミャンマーのロヒンギャのように民族の存在を否定され、自国政府に保護を求められない状況にある場合が考えられる。しかし、現在のトルコは、もちろんそういう状況にはない。少なくとも、クルド人が多く居住する地域で市街戦も衝突も起きていないし、集団的迫害もない。逆にトルコは二〇一一年から続く隣国シリアの内戦から逃れた難民を四〇〇万人近く受け入れてきた国なのである。その中にはかなりの数のクルド人も含まれている。

では、トルコにおける「クルド人迫害」の話はどこから来るのか。一九八〇年代の後半から九〇年代にかけて、東南アナトリアの村落部では相当に激しい衝突があった。当時から、トルコ政府の「敵」は、クルドという民族ではなく、トルコからの分離独立を掲げて武装闘争をつづけるPKK（クルディスタン労働者党）という武装組織である。PKKの側は、これを武装組織の闘争ではなく、民族解放の戦いと位置づけるから、どうしても「トルコ国家に迫害されるクルド人像」を拡散しようとする。そのために、地域の住民を巻き込もうとしたのである。このプロパガンダは、ヨーロッパで一定の成功をおさめた。

トルコ政府は、二〇〇〇年代に入ってからは、この武装組織だけを掃討するための作戦に集中しているが、一九九〇年代までは、武装組織の戦闘員だけをターゲットに攻撃したとは言いきれない。そもそも、長らくクルド人の存在自体を否定し「山のトルコ人」と呼び、言語としてトルコ語とはまったく違う系統に属しているのに、クルド語をトルコ語の方言の一つとしていたのである。私も記憶しているが、九〇年代の初期には、大学教員のような知識人層にも、クルドという民族の存在や尊厳を否定する人間なら、いくらでもいた。

クルド人の多い村落部では、誰がＰＫＫの協力者なのかを識別することが難しかった。軍が村人を尋問すると、必ず山の上からＰＫＫもそれを見ていて、下りてきては村人を尋問する。軍はＰＫＫに内通しているだろうと恫喝し、ＰＫＫは国軍に同胞を売っただろうと脅迫する。そのような状況では、到底、生活などできない。そのうえ、政府は、地元のクルド人を自警団的な組織に組み込むことで、同じ民族を分断して戦わせた。これは失敗したが、一九九〇年代最悪の施策だった。こうして、多くのクルド人が村を去り、大都市部や国外に逃れた。これが九〇年代までの様相である。したがって、その時期にスウェーデン、デンマーク、オランダ、ドイツなどに逃れた人びとは、多くが難民として認定された。

二〇〇二年に公正・発展党政権が誕生した後、マイノリティの人権状況は格段に改善された。政府はクルド人を敵視していると受け取られる政策を廃止し、クルド人の存在はもちろん、クルド語の使用を認める方向に変わった。ＥＵも人権状況の改善を認め、トルコとの加盟交渉に入ったのである。もちろん、それが十分なものかどうかは議論があり、クルド系の政党はその後、エルドアン政権の姿勢に厳しい批判を展開してきた。

特に、政権が二〇一〇年代の半ば以降、トルコ民族主義の極右、民族主義者行動党と歩調を合わせるようになってから、クルド系の左派政党である「諸人民の民主党（ＨＤＰ）」との対立は激しくなっている。この政党はテロ組織に指定されているＰＫＫと主張が基本的に一致しているため、テロ組織の政治部門とみなされている。同党の支持者は、エルドアン政権はクルドや他のマイノリティに対して抑圧的だと批判を強めている。だが、クルド人の多い東部から東南部の地域の住民にも保守的なムスリムは多く、彼らは基本的に無神論のクルド政党を支持しない。一方、政権もクルド政党の支持者を迫害することなどできない。民主的な選挙が行われているトルコでは、政策によって支持を集めればよいのであって、「迫害」しても何の意味もないからである。

ＰＫＫに対する軍事作戦は継続中だが、トルコ国内での戦闘はほぼ終了し、ＰＫＫ側の軍事拠点があるトルコ、イラク、イラン国境の山岳地帯とシリア領内からＰＫＫに協力する武装勢力に対する戦闘が中心となっている。ＰＫＫについては、トルコだけでなく、ＥＵもアメリカもテロ組織と認めているので、彼らに対する武力行使が国際問題になることは少ない。しかし、ＰＫＫの周辺には無数の市民社会組織があり、彼らはクルド民族による自治や領土の要求を続け、トルコ軍や政府による迫害を訴え続けている。有力な市民社会組織は、スウェーデン、デンマーク、ドイツなど、彼らを九〇年代までに難民として受け入れた国を拠点としている。日本では、欧米諸国の論調をそのまま引用することが多いが、その内容にはしばしば二〇〇〇年代以降の状況がアップデートされていない。

トルコは、なぜ、クルドの存在も、クルド問題の存在も長らく認めなかったのだろう。その背景には、トルコ共和国が絶対不可分の国家であるという確信と憲法による規定がある。この問題は後で詳しく見ることにする。

オスマン帝国の崩壊と民族問題の源流

地図に残った民族、地図から消された民族

キリスト教徒のアルメニア人とオスマン帝国の間には、「アルメニア人虐殺」問題が発生した。一九世紀の後半、そして一九一五年から一八年に最大の規模で発生した問題で、アメリカやフランスでは、今なお大きく取り上げられている。特に、四月二四日は「虐殺」のメモリアル・デーとされており、アルメニア人コミュニティのある国では、必ず反トルコのデモンストレーションが行われる。ディアスポラの人びとによるものだが、一方でアルメニア自身は、旧ソ連のなかに国家をもち、現在はアルメニア共和国となっている。現在、欧米諸国で「虐殺」問題でのキャンペーンを続ける人たちは、ソ連のアルメニアには行かなかった人びとの子孫が

中心となっている。

アメリカの大統領は、その日に必ず談話を発表するのだが、そこで組織的虐殺を意味する「ジェノサイド」と表現するのか、「アトロシティ(惨劇)」とするのかをめぐって、毎年トルコ政府と激しいやり取りになる。ちなみに、バイデン大統領は「ジェノサイド」を使ったため、トルコ側は激しく反発した。フランスでは議会がアルメニア人「虐殺」を否認すると処罰の対象となるという法案を通した。私が、ここで虐殺にカギカッコをつけているのは、双方の主張が対立しているからである。

アルメニア人研究者のなかには数十万人から数百万人が虐殺されたという主張があり、トルコ側は組織的な虐殺を否定している。一九一五年からの数年間に膨大な数のアルメニア人が現在のシリア側に追放され、命を落としたことは否定できない。この追放は、オスマン帝国の末期に台頭した軍人、エンヴェル・パシャ、タラート・パシャ、ジェマル・パシャたち軍閥の暴走によるものだった。この時期を「三頭政治」の時代と呼ぶ。

多様性を認めたオスマン帝国は、なぜ変容したのか

様々な民族や宗教、宗派を包摂してきたオスマン帝国がヨーロッパ列強に追い詰められていくなかで、民族主義が台頭したのは必然だった。オスマン帝国の統治から独立を図ったギリシ

ャやバルカン、そしてアラブの民族主義もそうだったし、領土を守ろうとしたトルコ人の民族主義も、こうして生まれた。そもそも、「民族主義」の概念はイスラム世界には存在しなかった。一九世紀以降に、ヨーロッパから持ち込まれたものである。

三頭政治の軍人たちが傾倒した民族主義は、トルコ民族の原点を空想上の故郷「トゥラン」の地に求めるという虚構に突き進んでしまった。当時、ヨーロッパの中にあって、やはりロマン主義のドイツ民族主義の影響を受けていたドイツ帝国とともに第一次世界大戦に乗り出し、オスマン帝国を破滅させることになる。こういう民族主義に傾斜すると、他の民族に対して一気に否定的な態度を取るようになる。自分たちの理念と理想に反する人間は抹殺する狂気を現実化しようとするのである。

悲劇に見舞われたアルメニア人の多くは、東部地域にいた。ソ連（ロシア）との関係が領土問題と結びつきやすかった当時の状況からすれば、利敵行為を防ぐ目的でこの地域から追放されたのだろう。シリア側に逃れた彼らは、ユーフラテス川の中流にあるデルゾールまで到達したが、このルートは夏には雨もなく、非常に高温の沙漠の中を進まなければならない。追いはぎや病気も重なって、膨大な犠牲者を出したと言われている。

彼らの中にはシリア北部のアレッポに戻った人も多かった。アルメニア人難民のために住居を提供したのは、アレッポの名望家たち、それもムスリムのアラブ人たちだったという話をアレッポに住むアルメニア人の医師から聞いたことがある。四〇年も前のことだが、彼の言葉は今でも頭を離れない。筆舌に尽くしがたい惨禍をもたらしたトルコの軍閥には、強い憎しみを抱いていたが、彼は、一九世紀の末、キプロスの植民地化やオスマン帝国領土の分割と引き換えにこの問題に沈黙した大英帝国、キリキアから撤退してアルメニア人を見捨てたフランス、当時、中立を主張して助けてくれなかったアメリカ、そのすべてがアルメニア人に膨大な犠牲を強いたというのである。

追放の過程で多くのアルメニア人が犠牲になったことは事実だが、今のトルコ共和国政府は「虐殺」を認めていない。共和国を建国したムスタファ・ケマル(後のアタテュルク、初代大統領(一九二三〜三八))は、エンヴェルらの非現実的な民族主義を支持しなかった。この悲劇は、現在の共和国が建国される以前に起きたからである。

ヨーロッパ列強諸国の裏切り

今のトルコ領内にいたアルメニア人たちは、その後、ムスタファ・ケマルの軍隊との戦いでフランスが勝てなかったために、フランスに裏切られてしまった。結果として、オスマン帝国の時代には多くのアルメニア人が住んでいたとされる東部地域から、彼らは出ていった。その後をクルド人が埋めていった地域も多い。オスマン帝国を戦争に巻き込み、ついに崩壊させたエンヴェル・パシャはトルコ国内での権力闘争に敗れ、トルコ諸民族を糾合する夢を抱いて中央アジアに移ったが、ソ連の赤軍との戦いで戦死したとされる。アルメニア人追放の首謀者とされたタラートは、ベルリンでアルメニア人によって暗殺された。ジェマルもまた、グルジア(現ジョージア)でアルメニア人によって暗殺された。

トルコにとって、建国以来たいへん重い課題となっているのが、マイノリティの民族問題である。現在のトルコ領土のなかに昔から存在して、建国期の前後に消えたのはギリシャ人とアルメニア人、その後も存在しているのに長らく存在を認められなかったのがクルド人である。

ギリシャ人については、もともと、現在のギリシャ領とトルコ領の双方に、ギリシャ人もトルコ人も住んでいた。第一次世界大戦でトルコが敗北し、オスマン帝国は滅亡に向かった。一九一八年一〇月三〇日に、エーゲ海のレムノス島に停泊するイギリスの戦艦アガメムノンの甲板でムドロス休戦協定が結ばれると、戦勝国のイギリス、フランス、イタリアは一斉にアナトリア半島に侵攻し、イスタンブールを共同で占領した。

イギリス軍は、現在のイラク領北部のクルド地域にあるモスルから、アレクサンドレッタ(イスケンデルン)、アンテプ(現在はガジアンテプ)、ウルファ(現在はシャンルウルファ)、マラシュ(現在はカフラマンマラシュ)、エスキシェヒル、キュタヒヤなどに進駐した。バグダード鉄道に沿った地域である。フランス軍は、アダナからメルシンにかけての沿岸地域に進駐した。後に、マラシュ、アンテプ、ウルファはイギリス軍に代わってフランス軍が占領することになる。イタリア軍は、地中海岸のアンタルヤ、エーゲ海岸のクシャダスに上陸し、ボドルムやマルマリスを占領した。一九一九年には、イギリスの支援を受けたギリシャ軍が五月一五日にイズミールに上陸した。だが、これらの進駐と占領は、「ムドロス休戦協定」にはなかった。連合国は、いわば戦利品としてアナトリア各地を分割・統治しようとし始めたのである。ギリシャ軍は、アナトリア半島の中央部にまで侵攻した。

当時、イスタンブールのオスマン帝国政府は残っていたが、ヨーロッパ列強やアメリカにトルコの将来を委ねようとする勢力もいて具体的な将来像を描けないまま滅亡を待つばかりだった。これに対して、祖国防衛・解放の戦いに乗り出した勢力はいくつもあったのだが、最終的にムスタファ・ケマルがそれらを糾合して、アンカラ政府を構成することになる。

一九二〇年八月一〇日、連合国側は、イスタンブール政府とのあいだに、セーヴル条約を結んだ。膨大な条文をもつ条約だが、一言で言えば、現在はトルコ領となっているアナトリア半島を連合国が分割する取り決めである。地図4に示した通り、ずたずたに分割されることになっていた。

注目すべきは、現在のトルコ領のなかに、アルメニア人に与えられる領域とクルド人に与えられる領域が示されていたことである。しかし、後で述べるように、この領域はトルコ共和国の建国を認めるローザンヌ条約（一九二三）では消滅した。トルコ共和国が力ずくで消したのではない。会議の前に、フランスとのやり取りでアルメニアの領域が消え、ローザンヌ講和会議の主役だったイギリスとアンカラ政府の議論の結果、クルドの領域も消されたのである。

この時期のトルコの歴史については、歴史学者、永田雄三の次の一文が、最も的確な評価をしていると思うので、ここに引用する。

「セーヴル条約は以上のような内容をもつものであるが、これを要するに、帝国主義諸国はトルコを分割して、アナトリアの地をその『草刈り場』とするにとどまらず、あわよくばトルコを歴史の舞台から抹殺し、トルコ人をソヴィエト＝ロシアに対する干渉戦争の人的資源として利用しようとすることにほかならなかった」（永田雄三他『中東現代史Ⅰ』山川出版社、一九八二年、一三五ページ）

トルコの独立戦争とローザンヌ条約

ムスタファ・ケマルが率いた抵抗運動

少し前にもどる。アナトリア内部にまで攻め込んだギリシャ軍に抵抗したのは、イスタンブール政府の軍ではなく、新たに誕生したアンカラ政府の兵士と民衆のパルチザンだった。一九二〇年四月二三日、ムスタファ・ケマル率いる新政府の議会、トルコ大国民議会がアンカラで招集され、五月には内閣も誕生した。

彼らはイスタンブールの帝国政府を認めず、戦後交渉の主役は自分たちだと主張したが、戦勝国側は敗者のイスタンブール政府との間に、セーヴル条約を結んだのである。イスタンブールはトルコに残されたものの、マイノリティの権利が担保されないときは連合国に奪われることになっていた。イスタンブールのヨーロッパ側から西、トラキア地方とイズミールの統治権はギリシャに与えられ、ボスポラス、ダーダネルス両海峡は、「海峡委員会」(第8章参照)という名の国際機関の管理下に置かれ、トルコの主権は認められなかった。イタリアは地中海沿岸、フランスは地中海岸の東のキリキア地方、イギリスはさらに東南、現在はイラク領のモスルなどを取ろうとしていた。エーゲ海の島々は、イタリア領と、ギリシャ領とされた。

もちろん、ムスタファ・ケマルのアンカラ政府は、トルコを地図から消してしまうようなセーヴル条約を断固として認めず、パルチザン部隊を統合して国民軍を編成し、ギリシャ軍とアルメニア軍を撃破していった。このころ、アンカラ政府は、ソヴィエト・ロシアとのあいだに、一定の協約を結んで、ロシア側から攻め込まれないようにしたうえで、まず、反共産主義のアルメニア人勢力を東北部のカルスなどで破った。アルメニア人たちはフランスやアメリカを頼って、民族の領域を確保しようとしていた。

イギリスとフランスによる中東の分断と分割・統治

フランスとイギリスが中東を分割・統治していく最初の密約は、一九一六年のサイクス・ピコ協定である(地図5)。

トルコに関連するところでいえば、現在のトルコ南部がフランスの影響下に入り、イラク北部(ここもオスマン帝国領だった)はイギリスの影響下に入ることになっていた。ロシアも加わるはずだったが、第一次世界大戦中にロシア革命(一九一七)が起きて脱落した。サイクス・ピコ協定では、フランスの委任統治に置かれるはずのシリアの東北部はもっと東に伸びていて、イラクのモスルあたりまで達していた。

その後、第一次大戦でのオスマン帝国の敗戦処理のために開かれたサン・レモ会議(一九二〇年四月)で、フランスはサイクス・ピコ協定に基いてレバノンとシリアを獲得したが、シリアの三角形の東の角は削り取られた(地図5)。イラク北部のモスル、キルクークあたりまでイギリスに取られたのである。これは、フランスにとって失策だった。この地域には大規模な油田があることが想定されていたからである。サン・レモ会議というのは、もう少し引いてこの地域を眺めると、パレスチナへのイギリスの支配や、イラクからヨルダンにかけてのイギリスの支配が確立される仕上げの会議だったことがわかる。

現在のトルコ領となっている地域では、キリキアがフランスに残された。アダナ、メルシンから、ウルファ、アンテプ、マラシュなどを含む地域である。その後、アンカラ政府のムスタファ・ケマルの軍は、このキリキアをめぐって激しい戦闘を行い、フランスは撤退した。

地図から消されたアルメニア

フランスは、一九二一年にトルコ国民軍がサカリヤ川の戦いでギリシャ軍を破ってから、潮目が変わったことに気づいていた。キリキアは、フランスの影響力の下で「アルメニア人の国」になることになっていた。しかし、フランスはアンカラの大国民議会との間に結んだアンカラ条約（一九二一年一〇月）によって、指揮下にあったアルメニア人部隊ともども撤退し、キリキアを放棄することを決めた。後に、ウルファ、アンテプ、マラシュの三つの町に、シャンル＝名誉ある、ガージー＝凱旋者、カフラマン＝勇者という接頭辞がつけられたのは、第一次大戦の敗戦からトルコ共和国建国までのあいだ、フランスなどの外国勢力と戦い、勝利したことを記念してのものである。

アンカラ条約によって、サイクス・ピコ協定でフランスの委任統治領となったシリアとの国境は南に五〇キロほど下がり、バグダード鉄道がトルコ側に入ることが認められた。さらに、キリスト教徒マイノリティとムスリムとの関係に干渉することを放棄した。そしてアレクサンドレッタ(現在のイスケンデルンと現在のハタイ)についても、特別行政府の設置を認め、トルコ系住民の意思に任せる姿勢を示した。

フランスの影響力の下にあるシリアには、結局、今のトルコ領ではアレクサンドレッタだけが残された。一九三八年には、この地域に「ハタイ共和国」の建国が認められ、後に「国民」投票によってトルコへの帰属が決定された。こうして一九三九年六月、アレクサンドレッタはフランスからトルコに「割譲」されたのである。もちろん、トルコ共和国から見れば、オスマン帝国時代の領土を「回復」したことになる。そして、この地域に残っていたアルメニア人を含むキリスト教徒やアラブ人は、多くがシリア側に移住したと言われる。シリアは、この割譲を今でも認めていないから、シリアの地図では、アレクサンドレッタはシリア領となっている。

アルメニアは、当時、ソ連領にあったアルメニアだけが現在も共和国として残り、それより西の地域はすべてトルコ共和国となった。セーヴル条約にあったアルメニア人の国は、こうして消滅したのである。

外国勢力の撤退とオスマン帝国の滅亡

ムスタファ・ケマル率いるトルコ国民軍は、アンカラに迫ろうとしていたギリシャ軍をサカリヤ川の戦いで破り(一九二一年八月)、二二年八月にはドゥムルプナルの戦いでギリシャ軍に勝利してから、あっという間に西のイズミールまで追撃していった。そして九月九日、イズミールを奪回し、一六日、さらに一〇〇キロほど西にあるチェシュメからギリシャ軍を追い落とした。イズミールが原因不明の大火に見舞われたのは、この時のことである（第１章参照）。

傑出した政治家だったヴェニゼロスのメガリ・イデア（偉大なる理想）に突き動かされ、コンスタンティノポリスを奪回し、ビザンツ帝国の夢を追い、アナトリアの奥深くまで侵攻したギリシャもまた、この時期に特有の誇大な民族主義の暴走と挫折を味わうことになったのである。

この間に、フランスとイタリアは、アナトリアから撤退した。イタリアは、トルコを実効支配する意図に乏しかったし、フランスもサイクス・ピコ協定での分け前であるレバノンとシリアを得たところで手を引いた。イギリスだけが、なおも強硬に干渉したが、イギリスの目的は現在の北部イラク、モスル、キルクークの領有をトルコから切り離すことに集中していた。一九二二年一一月、スイスのローザンヌで改めて講和会議が開かれることになった。

当初、連合国はイスタンブール政府とアンカラ政府の双方を招待したが、イスタンブールの帝国政府は、アンカラ政府を認めない方針をとったため、ムスタファ・ケマルは、ついにスルタンの廃位を決めた。最後のスルタン、メフメト六世は一一月一七日にイギリスの軍艦でマルタ島に逃れ、六二〇年以上におよんだオスマン帝国は滅亡したのである。

だが、この時、カリフは残した。トルコ国内でも、遠く離れたイスラム世界でも、ムスタフア・ケマル率いるトルコ軍とヨーロッパ列強との戦いは、多くのムスリムによって賞賛され声援を送られていた。遠く、インドやマレーシアに至るまで、また北アフリカのマグレブ地域にいたるまで、ムスリムの眼には、トルコの独立戦争が「イスラム世界の再生」を象徴する革命と映ったからである。

トルコ共和国を認めたローザンヌ条約

ローザンヌ講和会議の結果、連合国とアンカラ政府のあいだにローザンヌ条約が結ばれた(一九二三年七月二四日)。トルコは、アレクサンドレッタを除く現在の領土を確定した。アナトリア本土に加えて、イスタンブールの西方、ヨーロッパ側のトラキアもエディルネ(アドリアノープル)まで回復した。一方、エーゲ海の沿岸部の島嶼《とうしょ》のうち南のドデカネス諸島はイタリア領とされたが、第二次大戦後にギリシャに帰属することが決まった。

アンカラ政府は財政をヨーロッパに支配される原因となったオスマン債権管理局、および列強による経済支配と治外法権のもとになったカピチュレーション(恩恵的に与えた最恵国待遇)を廃止した。さらに、ギリシャ側にいたトルコ系住民とトルコ側にいたギリシャ系住民の住民交換を、イスメト・パシャとヴェニゼロスのあいだで取り決めた。イスメト・パシャは、ムスタファ・ケマルの側近で、イノニュの戦いでギリシャ軍を破った功績から、後に苗字としてイノニュを名乗り、二代目の大統領となった人物である。

国内での仕上げは、トルコ共和国の建国にあった。一九二三年一〇月二九日、新生トルコ共和国は独立を宣言し、ムスタファ・ケマルが大統領に就任した。この時点で、すでに国内には大きな反発があった。共和政体をとるということは、シャリーアによる統治ではなく、イスラム国家ではなくなることを意味していたからである。

国内外のイスラム保守派は激しく反発したが、ムスタファ・ケマルは、一九二四年三月、ついに最後のカリフ、アブデュルメジト二世を廃位しカリフ制を廃止した。スルタンは一国の頂点に立つ人物だが、カリフは全イスラム世界の精神的柱だったから、その影響力の大きさを慎重に検討したのである。新政府は、まずスルタンとカリフを切り離し、最後のスルタン、メフメト六世を廃位させた後で、カリフ制の廃止に踏み切った。しかしこれは、早速、大混乱をもたらし、ムスタファ・ケマルの「独裁」に対する不満が高まった。多くの人びとは、ヨーロッパ列強諸国の植民地支配と戦いはしたが、その先にどんな国をつくるのかについて、コンセンサスを持っていたわけではなかった。ヨーロッパをはじめ、外国勢力を追放した後には、オスマン帝国を再建すべきだと考えた人もいれば、共和国によって、新たな国家を建設すべきだと考える人もいた。そして、ムスタファ・ケマルはトルコ共和国の道を選んだのである。

トルコ民族による国民国家として生まれ変わったトルコ

トルコは、アナトリア半島を中核とする国家に生まれ変わった。人口構成から多数を占めたのが民族的なトルコ人であることは疑いの余地はない。だが、その領土に、トルコ人に次いで多数を占めたのがクルド人だった。ほかに、少数とはいえ、アルメニア人、アラブ人、チェルケス人などもいた。

建国後、最初のトルコ共和国憲法(一九二四年四月二〇日)は、この国と国民を次のように規定している。

第八八条　トルコの住民は、宗教や民族を問わず、国籍の観点からトルコ人となる。

これを同化の規定とみなすか、それとも、民族的出自や宗教によらず、トルコに住んでいれば、トルコ人として、すなわちトルコ国民として平等だという規定とみなすか。どちらの解釈も可能である。問題は、その後の実質的な処遇にあったのである。

クルディスタン(クルドの領域)を消したイギリス

一九二二年に始まったローザンヌでの講和会議で、イギリスが強く主張したのは、オスマン帝国領だったモスルやキルクークなど、現在のイラク北部の領域をトルコから切り離すことだった。イギリスはこの地域の石油権益を求めていた。アンカラ政府から派遣されていた全権のイスメト・パシャ（後のイノニュ）は追い詰められていた。モスルの割譲を認めなければ、イギリスはそこにクルドの国クルディスタンをつくろうとする。それはセーヴル条約（地図4）に示されていたとおりである。

トルコ側がモスル割譲を認めれば、イギリスは自分で支配するか、ハーシム家の統治を認めてイラク領に併合するつもりだった。ハーシム家というのは、イギリスがフセイン・マクマホン往復書簡で、オスマン帝国を追放したらアラブ王国をつくってやると約束したフセインとその息子のファイサルの家系である。いまは、ヨルダンがハーシム家の国として残っている。モスルの周辺に、クルド人が多いことをイギリスは承知のうえで、新たにクルドと交渉するより、イラクに併合することで、北部のキルクーク、南部のバスラ（ルマイラ）という二つの油田地帯を手にする道を選んだ。

イスメト・パシャは、ムスタファ・ケマルに対して、モスルを割譲せざるを得ない空気を伝えた。当初、ムスタファ・ケマルは、モスルはトルコ領内にあり、これを誰かに贈与する権利など、誰にもないとしていた。アンカラの大国民議会も、猛烈に反発した。モスルは、チャナッカレ（ダーダネルス海峡の要衝）、イズミール（最後に外国勢力を撤退させた都市）、カルス（ロシアとの国境)と並んでトルコ国土防衛の要衝だという意見は強かった。

しかし、イスメト・パシャは、もしここでトルコが譲歩しないと、再び、独立戦争と同じように連合国(第一次世界大戦の戦勝国)と戦争になる危険を訴えた。分断して統治するというのはイギリスの植民地支配の常套《じょうとう》手段であった。トルコ民族とクルド民族を対立させて、支配者として乗り込んでくる危険はアンカラ政府も理解していた。その結果、トルコ領内のクルド人にも国家樹立の運動が波及することを警戒していた。そして、独立戦争を通じて、フランスやイタリアになんとか手を引かせ、ギリシャ軍を追い落とすのにどれだけの困難があり、国民が疲弊したか、その現実を直視せざるをえなかったのである。最後に、ムスタファ・ケマルも割譲に応じた。こうして、クルドの領域はイギリスによって地図から消されたのである。

それから八〇年後、アメリカがイラク戦争を起こしてイラクは分断され、ついにモスル、アルビル、スレイマニーエを含む北部にはクルディスタン地域政府が樹立された。独立国家として国際承認を得てはいないが、大統領も議会も独自の軍隊ももっている。それでも、油田の中心、キルクークのクルディスタンへの併合は認められなかった。

トルコが、独立当初から現在に至るまで、大国の意向でクルド人の国ができることを深く懸念してきたのは、必ずトルコ国内のクルドに分離独立の動きが波及するからである。ローザンヌ講和会議を経て、一九二三年七月にローザンヌ条約が締結された。その年の秋、一〇月二九日にトルコは共和国の建国を宣言する。

クルド問題に対する政策の変遷

トルコ国家は「共和国」として誕生したが、そのことで、国内外のムスリムが激しく動揺し始めた。ムスタファ・ケマルが、カリフ、アブデュルメジト二世を廃位させたことによって預言者ムハンマドの地上での代理人たるカリフは消滅した。

オスマン帝国の「カリフ」が、なぜ世界のムスリムにとって重要だったのか。この感覚は、ムスリムでないと理解しにくい。スンニー派の場合、カリフが政治を動かすわけではないのだが、精神的リーダーとして、カリフが存在することの意味は大きい。カリフ制廃止から約一〇〇年後の二〇一四年、イラクからシリアに勢力を伸ばした「イスラム国（ＩＳ）」が、自称カリフのバグダーディを戴いたときに、私たちは、ムスリムの中にカリフ待望論が根強いことを改めて知った。

クルドの叛乱

一九二五年二月、東部のクルド人部族の有力者で、イスラムの指導者として人望のあったシェイフ・サイトを担いだ大規模な叛乱が起きた。叛乱はイスラム帝国の復活をめざすものだった。それが、保守的なムスリムが多い東部のクルド人地域で発生したのである。トルコ政府は、これを討伐するために軍を派遣したが、鎮圧には相当の困難があったという。最後に叛乱の首謀者としてシェイフ・サイトをはじめ四〇人以上を処刑した。結果的に、イスラム勢力の討伐とクルド人勢力の討伐という二つの面をもつことになったのである。以来、イスラム勢力との衝突は、現在の公正・発展党政権の二〇年で解決されたが、クルド問題は一〇〇年かかっても残ることになった。

クルド人を否定し、トルコ人化を進める

一九二五年九月、トルコ政府は「東方改良委員会(Şark Islahat Encümeni)」をつくって東部のクルド人地域に対する「トルコ人化政策」を進めることを決めた。シェイフ・サイトの叛乱を受けて、東部地域にクルド人部族の組織化を妨げるために、トルコ語以外の言語を使用することを禁止する。そして、ハッキャーリ、ヴァン、シイルト、マラティヤ、ムシュ、エラズー、デルシム(現在のトゥンジェリ)などの地域に戒厳令を敷いた。そして、かつてアルメニア人が住んでいた地域にいたクルド人を域外に追放し、それに代わって、バルカン半島のボスニアやアルバニア、イラン、コーカサスからのトルコ人移住者を入植させたのである。クルド語使用の禁止は、学校だけでなく、市場など民衆の生活する公共空間にも及んだ。さらに、トルコ政府

に敵対的なクルド人は強制移住させることにしたのだが、それでも一九二五年から三〇年代にかけて、クルド人の叛乱は続いた。

一九三五年、首相のイノニュ（イスメト・パシャ）の報告によると、例えば、東部シリアとの国境の町、マルディンにはほとんどトルコ人がおらず、住民の多くはクルド人かアラブ人のキリスト教徒だったという。アラブ人がシリア側に出ていくと、その後をクルド人が埋めていったのである。どの地域でクルド人の集中が進んでいるか、対抗してトルコ人の町をつくる必要があるという報告は、政府がすでに「クルド人問題」を認識していたことを示している。

デルシムでも、トルコ人化を進める必要があるとされた。この地域には、クルド人、クルド人のアレヴィー派、トルコ人、アルメニア人など、多様な人びとが住んできた。同時に、部族長ごとの封建的な組織が強い地域でもあった。一九三七年三月、セイト・ルザーというアレヴィー派でザザという民族の部族長を中心に叛乱が起きた。この叛乱は大規模なもので、トルコ政府は国軍を投入し、空爆までして鎮圧を図ったが、一年六か月もかかった。このとき、トルコ空軍初の女性パイロットとなったサビハ・ギョクチェンが空爆に参加した。彼女の名前は、イスタンブールのサビハ・ギョクチェン空港の名前に残されている。デルシムの叛乱は、東部地域に対するトルコ人への強制同化政策の失敗を武力攻撃で鎮圧することが、いかに悲惨な結果を招くかを示すことになった。犠牲者は一万三〇〇〇人以上におよび、移住させられた人も一万人を上回ったと言われるが、数字については主張によって大きな開きがある。

一九六〇年代以降、トルコは何度かクーデタを経験した。最初は六〇年五月二七日、次は軍からの書簡による恫喝で七一年三月一二日、そして八〇年九月一二日、そして九七年二月二八日には、国家安全保障会議で軍幹部が政権に厳しい要求を突きつけて崩壊させた。

完全に軍が政治を支配したのは、六〇年と八〇年の二回だったが、軍が政治に介入するごとにクルド問題は悪化した。

一九六〇年、クーデタ後の軍事政権の方針で、クルド人に対する同化政策は強化された。クルド人だと自認している人びとをトルコ人化するというのである。そのためにはクルド人の多い地域にトルコ人を移住させ、クルド人を排除するという、人口構成の強制的な変更をも含んでいた。イランとイラクの国境地域は、隣国のクルド人と連携する可能性があるため、国境地域のトルコ人化は特に強化するべきとされた。同化に積極的なクルド人には高等教育の機会を与えるため、村の学校から職業訓練校にいたるまで、拡充を図ると同時に、トルコ人化教育を徹底させた。同時に、世界の知識人やジャーナリストに対して、トルコにはクルド人問題は存在しないというプロパガンダを徹底させる政策をとるようになる。この流れのなかで、クルド人を「山のトルコ人」と呼び、クルド語はトルコ語の一方言にすぎないという言説を国家が強化していった。かつてアルメニア人の住んでいた村、クルド人の住んでいる村の名前をトルコ語に変更させるための法制化も一九六一年になされた(法一五八七号、一九六一年一月五日付)。

一九八〇年代以降の不可視化政策

その後、一九八〇年のクーデタ政権下では、一九八〇年から八四年にかけてクルド人の多いディヤルバクルの軍事刑務所での受刑者への虐待と拷問が大きな問題となった。PKK(クルディスタン労働者党)の武装闘争や破壊活動が一九八四年以降に急激に悪化していったのは、この刑務所での重大な人権侵害がきっかけの一つだったという。この四年間で受刑者のうち三〇人が死亡し、なかにはPKKの幹部も含まれていた。この刑務所は、一九八八年に法務省の管轄に移され、二〇二二年一〇月にようやく閉鎖された。

一九八二年に軍政下で制定された憲法は、現在の憲法の基になっている。公正・発展党のエルドアン政権は、条文の改正は行ってきたが、全面的に新しい憲法、それも市民の手による憲法を制定するには至らず、二〇二三年以降に持ち越されることになった。この軍政下の憲法第二六条、思想と表現の自由の規定は、クルド人に対する敵対的な姿勢を表している。

第二六条　誰しも、思想および見解を、発言、文書、絵画、もしくは他の方法で、個人的に、集団的にを問わず、表明し、広める権利を持つ。この自由は、公的機関の干渉を受けることなく、情報や考えを収集し、提供する自由を含む。この条項の規定は、ラジオ、テレビ、映画、または類似の方法で行われる放送が許可制度に結び付けられることを妨げない。

この自由の行使は、犯罪の防止、犯罪者の処罰、国家の機密とされた情報の非開示（後略）などの目的をもって制限できる。

思想の発表および広報においては、法で禁じられたいかなる言語も使用することはできない。

この法に反した文書、印刷物、プラカード、音声および映像テープ、その他の媒体や装置は、所定の手続きによる裁判官の決定あるいは遅れによって支障をきたす場合には法により権限を与えられた機関の命令により回収させられる。回収した機関はその決定を権限をもつ裁判官に二四時間以内に報告する。裁判官はこの措置に対して三日以内に判断を下す。（後略。傍点著者）

一九八三年の法二九三二号では、さらに厳格に言語使用を規制している。

「トルコ国家によって承認されていない諸国家の第一公的言語以外の言語によって、思想を明らかにし、それを広めること、出版することを禁じる。トルコ語以外の言語を母語に使用し、広めるための行為を禁じる」（この法律は、一九九一年五月に廃止された）

憲法二六条の規定が改正されるには、トルコのＥＵ加盟交渉が視野に入り、欧州人権条約に基づく意見をトルコが受け入れる二〇〇〇年代を待たなければならなかった。二〇〇一年一〇月三日付の法四七〇九号第九条によって、「法で禁じられた言語の使用を禁止する」という文言は削除された。それに代わって「思想の表明と広報の自由が行使されるにあたって適用される様態、条件、方法については法で定める」という条文に置き換えられた。ＥＵ加盟交渉を進展させるため、二〇〇〇年代に入ると、エルドアン政権のもとでクルド語でのテレビ放送、選択言語としての教育などは相次いで実現されることになったのである。

しかし、それでもなお、トルコの法体系には、言論の自由をめぐる規制が網の目のように張り巡らされている。刑法第二一六条(二〇〇四年以前は第三一二条)第一項は、次のように社会の分断による罪を定めている。

「民衆の社会階層、民族、宗教、宗派あるいは地域性に基づく相違や特徴を理由に、ある集団が他の集団(kesim)に対して、悪意や敵意をあらわにして扇動(挑発)する者は、それが理由となって公共の安全の観点から、明白あるいは想定される危険が現実化する状況において、一年以上三年以下の禁固刑に処す」

これが、「悪意と敵意」つまりヘイトクライムにあたるというのだが、これまでに頻繁に適用されてきたのは、イスラム主義とクルド問題に関する言論活動である。

クルドをめぐる政治と軍事衝突

武装組織ＰＫＫ

一九八四年、武装組織ＰＫＫによるトルコ治安部隊への攻撃が急増し始める。前年には一件だった襲撃が、この年には六件に増えた。攻撃のターゲットになったのは、ジャンダルマ部隊の駐屯地や宿舎だった。ジャンダルマというのは、都市の警察がない地方で警察の役割を果たす治安部隊だが、当時は、軍の機構に組み込まれていた。一九八七年になると、東部、東南部の村落を襲撃して村人を殺害する事件も増えてくる。トルコ軍側のＰＫＫ探索に対して協力したとの疑いをかけられた村人がＰＫＫによって殺害される事件が増え始めたのである。

当初、トルコ人社会の側には、先に書いたように「クルド人は存在しない」という国家の政策のために「クルド人」の武装組織という認識が一般化していなかった。奇妙なことに、トルコ軍を襲撃していたＰＫＫの名称には「クルディスタン（＝クルドの地）」が入っているのだが、この名称自体、トルコの領土を分割するものとして断固として拒否されてきたのである。そのため、彼らはアポジュ(Apocu)と呼ばれていた。アポというのは、トルコ語でアブドゥッラーという人名を短縮して呼ぶときの慣用であり、PKKの首領アブドゥッラー・オジャランを指している。語尾のジュは、「従う徒」の意味である。

PKKは、彼らを中心に共産主義とクルド民族主義を合体させ、クルド人による国家建設を目指していた。トルコ共和国が、建国当初から、絶対に譲れない一線としてきた「国家、国民、国土の不可分の一体性」に真っ向から、武力で挑戦したのである。従って、当初から非合法組織であり、テロ組織とされてきた。PKKはアメリカ政府によって一九九七年に、EUによって二〇〇二年に、海外テロ組織のリストに挙げられている。ちなみに、スウェーデンは、EUよりも早く、一九八〇年代後半には非合法組織に指定している。これは、国内でPKKによる暴力的事件が続いたことによる。

衝突が激化した一九九〇年代

PKKとトルコ軍との衝突は一九九〇年代に入って激しさを増し、PKKの攻撃による民間人の犠牲者も急増した。トルコ軍、治安部隊の側も、多くの村を廃村にして村民を移住させるなどの強硬な措置を取ったため、対立が拡大してしまった。九〇年代に入ってPKKの武力闘争が激しさを増したのは、湾岸戦争(一九九一)によるところが大きかった。

アメリカを中心とする有志連合軍は、湾岸戦争でサッダーム・フセインのイラクを潰しはしなかったが、その後、北部クルド地域に拠点を構築してクルド人を支援することになる。これが、後にイラク戦争後にクルディスタン地域政府の樹立につながっていく。北イラクの方は、伝統的にバルザーニ家の勢力(クルド民主党KDP)とタラバーニ家の勢力(クルド愛国同盟PUK)が覇を競っていて、PKKの地盤ではなかったが、同じ民族としてトルコで「民族解放闘争」を行うPKKを敵視することはなかった。そのため米軍などがイラクのクルド勢力に供与した武器の一部がPKKに流れることになったのである。

一九九一年一月の湾岸戦争の結果、三月に入って、北イラクではクルド人による自治の機運が高まった。フセイン政権が有志連合軍に敗れたことで、自由を得たクルド人が各地で蜂起《ほうき》したのである。しかし、三月二五日にはイラク政府軍がクルド地域を空爆し、地上部隊も投入された。三一日にはアルビルがイラク政府軍の手に落ちた。クルド人たちは化学兵器が使われたハラブジャの殺戮《さつりく》(一九八八)を思い出し、恐怖に駆られてトルコ、イランの国境に殺到した。

当時の国連の報告では、ハッキャーリとシルナクには二八万人ものクルド人が殺到したという。三月、山岳地帯のこの地域は寒く、冷たい雨や雪が降る悪天候のなかで彷徨《さまよ》う難民の姿を私もニュース映像で見て覚えている。当初、トルコは彼らの流入を阻もうとしたが、国際世論の批判を受け、国連の努力もあって国境を開けた。

国連安全保障理事会は、イラクの領空、北緯三六度以北を飛行禁止空域に設定する決議を採択した(六八八号)。この決議は、クルドにとって歴史的に重要な意味を持つことになった。一九二三年のローザンヌ条約でクルド国家が消され、その後、イギリスの勢力下でイラク領に併合されて以来、初めて、「クルドの領域」を国際社会が認めたことになるからである。

だが、それはトルコにとって深刻な安全保障上の脅威となった。PKKの戦闘員はこの時期に増加し、一九九二年のノウルーズ(春の祭り)を期にトルコ国内で一斉に武装蜂起したのである。九四年には、イラクとの国境地域をトルコ軍の手が及ばない解放区にしようとしたが、トルコ軍も個々の町や村の治安部隊ではなく、国軍の攻撃部隊を投入して激しい反撃に出た。

一九九三年、トルコ東部のビンギョルとハッキャーリを結ぶ国道で、非武装の国軍兵士三三人が乗ったバスをPKKが襲撃し全員を殺害したことで、トルコ軍はもはや妥協の余地なく彼らを壊滅する作戦に乗り出した。だが、これは困難を極めた。ハッキャーリ県は、トルコの最も東に位置する山岳地帯で、ゲリラ戦を展開するPKKに対して、居場所を明示している国軍は狙い撃ちにされやすかったからである。

さらに事態を悪化させたのは、当時の政治状況である。九〇年代はいくつもの政党が連立政権を組んでは崩壊を繰り返す不安定な時代だった(第2章参照)。しかも、中道右派から中道左派まで、汚職や不正のスキャンダルが続発し、ついに、イスラム主義政党の福祉党が第一党に躍り出てきた時代である。

九〇年代の前半、中道右派の正道党を率いていた初の女性首相タンス・チルレルは、軍を制御できなかった。彼女は全く別の方法をとって政権を安定させようとした。対PKK作戦を軍のフリーハンドにゆだねることで、軍の支持を受けて政治を乗り切ろうとしたのである。

この状況では、クルド側との関係を改善する余地はなかった。だが、PKKの側も、望んだものを得られる状況ではなかった。トルコ国軍は、「不可分の一体性」としてのトルコ国家を守るためなら、いかなる犠牲も厭《いと》わなかったからである。東部、東南部のクルド人の多い地域の民衆は、国軍とPKKの板挟みになって、大都市へ移住していった。そこからスウェーデンやドイツに渡り、難民として保護された人も数多い。だが、表向きはトルコ政府による迫害を訴えた人たちも、実際には、PKKをひどく恐れていることが多かった。子どもを戦闘員にリクルートされたり、寄付を強要されたりすることが多かったからである。PKKはクルド人にとっても、決して平和な暮らしをもたらす味方ではなかった。

トルコ軍にとっても、山岳地帯での軍事作戦は困難だった。そこで、村ごとに防衛隊を創らせて、PKKとの戦闘に参加させたのだが、クルド人同士を戦わせたことは失策だった。親族間の絆《きずな》が非常に強いクルド人を互いに戦わせると、その怨恨は何代にもわたって続き、収拾がつかない血の復讐《ふくしゅう》が繰り返されるからである。

「クルド問題」という認識さえ拒否された時代

当時、知識人のなかには、徐々に「東南部の治安問題」が単にＰＫＫの問題ではなく、政府側のクルド政策の問題であると認識する人がでてきた。まだ、この認識は到底一般的なものとは言えなかったが、「クルド問題」と題した書籍が出版されるようになったのである。

一九九五年、「東部問題の認定と確定」という報告書がトルコ商工会議所から出版された。著者は社会学者のドウ・エルギルである。彼は、クルドの民衆がＰＫＫを嫌いながらも政府の姿勢に反発していること、ＰＫＫの圧力にさらされながらもＰＫＫをテロ組織とはみていないこと、多数のクルド人は別の国をつくることなど望んでおらず、彼らの希望は母語の使用、就業機会の増大、平等な処遇にあることを指摘した。いわば、トルコ民族主義がクルド民族主義を強化し、文化的次元でのクルド人のアイデンティティを極端に政治化させてしまったというのである。

だが、この報告書は、当時、大きな政治スキャンダルとされてしまう。当時のチルレル政権は、クルド問題を軍に丸投げしていたため、報告にはかかわりがないとして無視し、著者はトルコ民族主義者からの激しい非難に直面した。一九九六年一月六日のTurkish Daily News（これはトルコで当時もっともポピュラーな英字紙で、取り立てて政治的指向はない）は、トルコ人権協会の調べによると、政治・思想犯として収監されている人数は一万二〇〇〇人、収監されているジャーナリストは四三二人、容疑者不明の殺人による死者九二人、避難による廃村二五〇村、没収された出版物二七四点、収監中の死者一〇八人などを挙げている。そして、クルド問題をいち早く取り上げた社会学者のイスマイル・ベシクチは、対テロ法違反の容疑で合計二〇〇年の禁固刑となった(後に減刑された)と記している。

クルド政党——政治プロセスへの参入と司法による拒絶

繰り返される結党と閉鎖

一九九〇年代、武力衝突の一方で、民族問題の政治的解決を訴えるクルド政党が誕生する。最初の人民労働党から始まって二〇一〇年までに七つの政党を結成し、憲法裁判所によって閉鎖させられたか、その前に自主解散している。いずれも左派政党でクルド民族主義を掲げているため、PKK(クルディスタン労働者党)の政治部門とみなされたからである。九一年の選挙では、単独で議員を獲得できる一〇%の最低得票率を得られない見通しだったので、中道左派の社会民主人民主義党の候補者に入れてもらい、一八人が当選を果たした。

初登院で、国会議員は一人ずつ全員が宣誓を行うことになっている。ところが、人民労働党の二人の議員の発言が、早速、大きな問題となった。一人はハティプ・ディジュレで、「自分と友は、この宣誓を憲法の抑圧の下に読み上げる」と前置きしたため大変な罵声を浴びた。次いで、女性議員のレイラ・ザナがクルディスタン旗の黄色、赤、緑のバンダナを巻いて登場、宣誓したものの、最後に「この宣誓をトルコとクルド人民の名の下に行う」とクルド語で発言して、またしても議場は怒号の嵐となった。彼女は宣誓をやり直したが、クルド政党の議員を名簿に登載させた社会民主人民主義党が非難の的となった。この中道左派政党は、実は一九八〇年のクーデタで共和人民党が閉鎖されたあとに誕生した政党で、系統としてはアタテュルクの世俗主義、国家主義に連なるが、社会民主主義を強調し、クルド問題にも同情的だったのである。党首は建国期にアタテュルクの盟友だったイノニュの息子、エルダル・イノニュだった。

一九九二年、社会民主人民主義党にいたクルド系議員は辞職し、人民労働党を結党した。だがその党大会でトルコ国旗をおろしてＰＫＫの旗を掲げたため、即座に高等検察庁から告発された。閉鎖を命じられることを予測して、すぐに自由・民主党を立ち上げたが、どちらも憲法裁判所によって閉鎖させられた。今度は民主党を九三年に結党したが、議員が相次いで逮捕されることになった。いずれも、「不可分の一体性」としてのトルコ共和国にクルド民族主義を持ち込み、憎悪と敵意を醸成して国家の分断を謀った容疑である。さらに、九四年三月には議員に対する不逮捕特権が剝奪《はくだつ》され、六月には憲法裁判所によって閉鎖させられた。

その直後、一九九四年五月に人民民主党を結成したが、九五年の総選挙ではイスラム主義政党の福祉党がクルド人の多い地域でも勢力を急拡大したため、最低得票率を越えられず、議席は得られなかった。この党も二〇〇三年に閉鎖させられた。クルド地域というと、クルド民族主義政党が支配していると誤解されることがある。だが、東部の地域は、民族主義も強いが保守的なムスリムも多い。

閉鎖の判決が憲法裁判所で下される前、クルド民族主義勢力は、九七年に民主人民党を結成しており、人民民主党から横滑りで三五の市長の座を得ていた。九九年の地方選挙では、さらに市長の数を増やしている。

その後、二〇〇五年一一月に民主社会党を立てた。このころから、クルド民族主義だけでなく、男女の平等を前面に出し、男性と女性を共同党首にするようになった。二〇〇七年の総選挙では、無所属で候補を立て二〇人の国会議員を獲得した。しかし、検察はなおも閉鎖を要求する訴訟を憲法裁判所に起こした。二〇〇九年三月の地方選挙で大勝し九九の市長の座を得たものの、二〇〇九年一二月に民主社会党は閉鎖を命じられ、所属議員や市長は、前もって二〇〇八年五月に結成した平和民主党に移った。

民主社会党の閉鎖は、二〇二三年五月までの段階では、憲法裁判所による最後の政党閉鎖となった。閉鎖の理由は、それまでの全てのケースと同様、憲法の定める「不可分の一体である国家」を分断しようとする行為と言動に基づく政党活動が憲法違反、政党法違反に問われたのである。起訴状をみると、閉鎖理由は同じで、誰が何を言い、何をしたかの部分だけが毎回違っている。そして、起訴状の冒頭にある論拠には「被告政党はテロ組織によって結成され、運営されている」とある。

不透明なPKKとの関係

つまり、PKKとの関係が直接の訴因となっているのである。この点について、民主社会党側は、「PKKが存在するのは事実であり、そこには人民の支持がある。その人民がわが党を支持していることも否定できないが、わが党は直接PKKとの関係を持っていない」と主張するのが常であった。そして、「党としてPKKを支援してはいない。しかしテロ組織だとも考えていない。目的は共にトルコを民主的な国家にすることにあり、その方法がPKKは武装闘争、わが党は平和的な方法による」と主張していた。

私は、JICAのミッションで東南部を訪問した際、民主社会党の市長の一人と話したことがある。日本のODAを受けるにあたって、PKKとの関係を質したのだが、答えはこのとおりだった。日本でもPKKは、公安調査庁の『国際テロ組織要覧』に掲載されている。彼らは、決してPKKをテロ組織とは言わず、PKKとの関係もあいまいなままだった。このような説明はトルコ国家や多くのトルコ人にとっては受け入れ難いもので、現在も、後継政党がテロ組織の政党とみなされている。

平和民主党になってから、刑の確定した議員が失格になったが、二九人で大国民議会（国会）に会派を結成した。二〇一三年になると、諸人民の民主党を結成したが、今度は、平和民主党のほか、社会主義再興党、緑の党、左派未来党などいろいろな政党を束ねるアンブレラの役割を諸人民の民主党が担うことになった。二〇一五年六月の国会議員選挙では一三・一％の票を獲得し八〇人の国会議員を得た。

この年は、第一党の公正・発展党が多数を取れなかったため、一一月にやり直し総選挙があったが、その時は一〇・八％で五九人の議員を得ている。地方選挙の方は、平和民主党のままで候補者を立て二〇一四年の選挙で一〇二の市長の座を得ている。これ以降、国政では諸人民の民主党が、地方では民主地方党が担う方式を取った。

二〇二三年の国会議員選挙では、「緑の左派」党（YSP）として六一議席を獲得した。諸人民の民主党は、憲法裁判所で閉鎖訴訟の審理中だったため、選挙期間中に閉鎖させられると選挙に参加できない。そこで、先に別の党（緑の左派）*を結党して選挙に臨んだのである。

（*トルコでも「緑の左派」と呼ばれるが、正確には「緑の人びと、左派、未来党」である。）

政権とＰＫＫとの「解決プロセス」とその破綻

エルドアンの挑戦

エルドアン政権はクルド問題の打開を図るために、ＰＫＫとの問題「解決プロセス（Çözüm süreci）」に乗り出した時期があった。これは、エルドアン政権が二〇〇九年ごろに始めた一連の「民主的打開（Demokratik Açılım）」の一環として政権側から提案されたものである。「民主的打開」プロジェクトの中には、アルメニア共和国との関係正常化やギリシャとの関係改善、そして最も重要な課題としてクルド問題があった。

民族問題とは、一九世紀以来、オスマン帝国を分断（分割）・統治しようとした大英帝国やフランスが、分断のツールとしてナショナリズムを利用したことで発生したというのが公正・発展党の見解だった。そして「トルコ人もクルド人も、同じムスリムの兄弟ではないか」というイスラム的な発想に立って和解を呼びかけたのである。

このことについて、「解決プロセス」が始まったころに、与党議員たちに何度も確かめたが、答えはみな同じで、イスラム的な価値に従えば、民族問題など無意味だというものだった。これは、建国の父、アタテュルクの主導した民族主義に対する挑戦であり、国家主義者、トルコ民族主義者の不興を買った。危険を冒してＰＫＫとの和解交渉に乗り出したものの、交渉はうまくいかなかった。イスラムのロジックは元がマルクス・レーニン主義のＰＫＫには通じなかったのである。

クルド問題の打開を阻んだ司法の壁

二〇〇九年、国家情報機構（ＭİＴ）の幹部がノルウェーのオスロでＰＫＫ側と秘密協議を開始したことが一二年に明らかにされた。一方でエルドアン首相は、民主社会党党首で長年にわたってクルド政党を率いてきたアフメット・テュルクと二〇〇九年八月に会談した。ギュル大統領も、クルド問題は解決すべき第一の課題と発言して後押ししていた。しかし、二〇〇九年一二月、民主社会党が憲法裁判所によって閉鎖され、党首のアフメット・テュルクは議員資格を奪われた。

またしても司法の壁が立ちふさがった。二〇一〇年代の前半まで、政治によるクルド問題の打開を常に阻んだのは司法であり、共和国検察庁と憲法裁判所だったことに注目すべきである。二〇一〇年一月、政府は、「人権パッケージ」を公表し、刑務所でのクルド語による面会の許可、民放での（トルコ語とは）異なる言語および方言による二四時間放送の許可、異なる言語や方言についての研究機関の設置を高等教育評議会が決定した。これは、画期的な変化であった。これに対して、ＰＫＫ側の対応も割れていた。戦闘員の投降と治安部隊への攻撃が入り混じっていたのである。

　だが、野党の共和人民党は、政府与党が秘密裏にテロ組織と交渉していると非難を続けた。二〇一〇年五月以降、この党の党首は二〇二三年の大統領選挙で野党統一候補となったケマル・クルチダルオウルである。

　そして、二〇一二年、国家情報機構のハカン・フィダン長官（二〇二三年に外相就任）が、ＰＫＫと秘密裏に接触していたとして検察から事情聴取のため出頭を求められる事態となったのである。これに対して政府は、急遽《きゅうきょ》、二〇一二年二月、国家情報機構に関する法を改正し、職務についての検察の事情聴取の可否は首相の権限とする措置で対抗した。

　ＰＫＫの問題を解決に導くには、収監されてもなお指導者であり続けるアブドゥッラー・オジャランと交渉を重ねる以外に方法はなかった。政府はイムラアル刑務所に収監されているオジャランと面会を重ねた。この交渉までいちいち検察から訴追されるのでは交渉は成り立たない。このころまで、トルコの検察と裁判所、つまり司法は高度の独立性を維持していた。そして検察と裁判所は、しばしば一体として動いていたのである。それゆえに、解決すべき問題を妨害する主役だったことになる。

武装解除を呼びかけたPKKのリーダー

二〇一二年一月に、エルドアン首相は、クルド問題を解決するために政府関係者がオジャランと面会していることを公式に認めた。翌一三年三月二一日のノウルーズ(春の祭り)の際、クルド人地域の中心都市ディヤルバクルで、オジャランによるPKKの武装解除と武装組織のトルコ領からの撤退を求める書簡が、トルコ語、クルド語の両方で読み上げられた。同年四月には、PKKが武装勢力をトルコから撤退させることを明らかにした。これに対して、政府側は「テロを終結させ、社会の統一を強化する法」を制定した。治安の安定と武装解除を条件に、政治、法、社会・経済、文化などの領域で人権を強化するというのである。武装解除に応じて投降した戦闘員の社会復帰プログラムを政府が用意することになった。そして同年四月、PKKはトルコ領内からイラクに撤退を宣言し、五月に撤退が開始された。

しかしこの後、交渉は暗転していく。PKKは二〇〇五年以降、その上部にクルディスタン共同体連盟(KCK)というアンブレラ組織を持っていた。KCKは、トルコだけでなく、イラク、イラン、シリアなどで分離独立を展開してきたクルド組織を統合して、ゆくゆくは各国に分かれたままであっても、自治権を持ち、国境を越えた連邦制のようなかたちを取ろうとしていた。といってもKCKの拠点はイラク北部のカンディルにあり、PKKの拠点と同じである。

そのKCKは、二〇一三年の半ばに入って、トルコ政府の態度が前向きでないと非難を始めた。九月に入ると、実質的交渉を開始しなければ「解決プロセス」は終わると言い出した。彼らは、リーダーのオジャランの釈放を求めていた。トルコ政府側は九月末に「民主化パッケージ」を発表し、一二月にはトルコの歴史で初めて、クルド人の多いディヤルバクル市の市役所に、トルコ語とクルド語で「ディヤルバクル・大都市圏市役所」という看板が掲げられた。

シリア内戦で強硬路線に変わったＰＫＫ

二〇一四年に入ると、状況は悪化する。クルド側は地方選挙で支持を拡大し、一〇二の市長の座を獲得した。地方政治については、国政とは異なり民主地方党を名乗っていたのだが、その最高会議は、これらの地域で政府と対決する自治をめざした。いわば、「パリ・コミューン」のような自治政府をつくろうとしたのである。

国政では諸人民の民主党が政治犯の釈放を要求し、ＰＫＫの上部組織ＫＣＫは、オジャランに自由を与え、それを憲法で保証することを求めた。政府は、「テロを終結させ、社会の統一を強化する法」を制定したが、ＰＫＫ／ＫＣＫの要求には応えず、武装解除が先だとの姿勢を変えなかった。国家としては、テロ組織の首領として、死刑判決が下されていたにもかかわらず、ＥＵの要求に応じて加重終身禁固刑に減刑したオジャランを自由の身にすることは不可能だった。エルドアン政権は、一定の妥協をしていたが、ＰＫＫの武装解除、トルコでの破壊活動の中止が確認できない限り、それ以上の妥協はできなかった。

二〇一四年から一五年にかけて、「解決プロセス」が破綻していく外的原因はシリア内戦にあった。二〇一一年に始まったシリアの内戦では、日増しに状況が悪化し、トルコ側への難民流出が膨大な数におよんでいた。二〇一四年四月には、トルコは「外国人と国際保護法」を制定し、国際基準に適合する難民保護に乗り出した。だが年末にはシリア難民だけでも一五〇万人に達していた。

さらに二〇一四年にイラクで誕生した「イスラム国（IS）」があっという間にシリア北部から東部を制圧しようとしていた。トルコ国境に近い北部のコバニ（アラビア語名は、アイン・アル＝アラブ）を中心として、クルド人武装組織のYPG（人民防衛隊）と「イスラム国」とのあいだで激しい戦闘が続いた。この組織は、政治組織としてのPYD（民主統一党）の軍事部門であり、PKKと同じく、KCK傘下にあって、シリアでの組織である。彼らは、内戦下のシリアで、北部にクルド人の自治領域を確保し、それをロジャヴァと呼んでいた。

二〇一二年以来、シリア北部はクルド勢力が支配していたが、二〇一四年七月に「イスラム国」に包囲された。その後、二〇一五年一月にアメリカが空爆で支援しながらクルドのYPGが「イスラム国」との激戦を制してコバニを奪還した。アメリカは、その後、このクルド組織に資金と装備・弾薬の提供、そして兵員の訓練をして支援した。その過程でアメリカは、二〇一五年の夏、トルコとシリアの国境地帯に配備されていたミサイル防衛システムのパトリオットを撤去してしまった。シリア側からの攻撃に備えるために、トルコが継続を希望したのに対し、アメリカは拒否した。シリアでクルド勢力を支援する米軍の行動を把握できるミサイル防衛システムをトルコ側に置いておきたくなかったのである。

トルコ側の防空能力を意図的に低下させるこの決定は、その後、トルコがロシアからミサイル防衛システムを導入する原因となった。ＰＫＫと同じくＫＣＫの傘下にあるシリアのＰＹＤ／ＹＰＧをアメリカが支援したことで、ＮＡＴＯ加盟国同士であるトルコとアメリカの関係は極度に悪化していったのである。

これに先立つ二〇一四年の一〇月二日、トルコ大国民議会は、シリア情勢の悪化から、シリアとイラクへのトルコ軍派兵に関する権限を政府にゆだねることを決定していた。与党、公正・発展党に加えて、民族主義者行動党が賛成し、共和人民党とクルド政党の諸人民の民主党は反対した。シリア・イラクへの派兵には、二つの面があった。一つは急激に勢力を拡大していた「イスラム国」への対処であり、もう一つは、その「イスラム国」と戦うクルド武装勢力ＹＰＧの活動がトルコのＰＫＫと連動することへの対処である。

これを受けて、二〇一四年一〇月七日、諸人民の民主党は、コバニが「イスラム国」に陥落すれば「解決プロセス」は終わると声明をだした。さらに、一一日、ＫＣＫもまた「コバニとトルコで起きていることは全てトルコ政府の責任であり、国会での派兵承認は、宣戦布告だ。トルコから撤収させた戦闘員をトルコに戻す」と恫喝している。クルド政党とPKK／KCKは同一歩調をとったことになる。そのためトルコ政府の側も、トルコを拠点にするPKKと、シリアを拠点にするPYD／YPGを連結したテロ組織として排除の対象としたのである。

二〇一四年の一〇月には、トルコ東部各地で、コバニへの連帯とトルコ政府に反発するPKKによる攻撃が相次ぎ三四人が死亡した。

二〇一五年六月二六日、エルドアン大統領は、PYDがシリアで国家建設に向かっていることに対して、シリアの北部で、トルコの南部で、いかなる国家の建設も、絶対に許さないと宣言し、トルコ軍の派兵に言及した。そして二〇一五年七月二四日、トルコ軍は、シリアの「イスラム国」とイラクのKCK拠点を空爆した。「解決プロセス」に乗り出してから三年ぶりの空爆であった。

その後、警察への襲撃などによりPKKとトルコ治安部隊との衝突は激化し、九月には最も東のハッキャーリ県の山岳地帯ダールジャで、PKKとの戦闘で国軍兵士一六人が戦死している。ここは一九九〇年代にも大規模な戦闘が起きた要衝で、激しい戦闘が続いた地域だった。同じ九月、やはり最も東のウードゥル県では、警察のバスへの路肩に埋設された一トンもの爆弾による攻撃で警官一三人が死亡する事件も起きた。トルコ空軍は、これに反撃し、イラク北部のＰＫＫ拠点を空爆し戦闘員四〇人を殺害した。二〇一五年の夏、衝突は激しさを増していった。

そして二〇一五年八月から一六年三月にかけて、ディヤルバクル県のスル、マルディン県のヌサイビン、シルナク県の中心など、クルド政党が市長を務める二〇以上の町でＰＫＫがバリケードを築き、塹壕《ざんごう》を掘って市街戦に乗り出す争乱が連鎖的に発生した。ＰＫＫは、治安部隊が制圧に乗り出すことで、一九九〇年代のように、クルド人と国軍が衝突する構図をつくりだそうと挑発したのである。和解プロセスの破綻を象徴する争乱だったが、治安部隊は、ＰＫＫに狙いを絞って騒乱を制圧した。シリア内戦が「解決プロセス」の破綻をもたらしたことを象徴する事件であった。

この半年あまりの騒乱の結果は悲惨だった。トルコ軍や警察などの死者は二四九人、ＰＫＫ戦闘員の死者は二五四四人と報告されている。

クルド政党に対する強硬姿勢

トルコの東部と東南部で、諸人民の民主党は、その後も勢力を維持している。二〇一九年三月三一日の統一地方選挙では、三つの大都市圏市長、五つの県、四五の郡で、六五の市長ポストを獲得した。

だが、二〇一九年八月一五日、ディヤルバクル、マルディン、ヴァンの三つの大都市圏市長は、いずれも解任され、内務省によって「管財人(カイユーム、Kayyum)」が任命された。その後、四八の市で同じように市長が解任され、管財人が任命されたから、民主的な選挙で選ばれたクルド政党市長は、ほとんど残っていない。

カイユームとは、本来イスラムの用語で、一時的な管財人を意味するのだが、ここでは、選挙で選ばれた市長に不正があったと政府が断定して、別の人物に置き換えたことを意味する。これは、大統領令に基づくもので、議会での審議を飛ばしており、民主的な政治プロセスに反するという批判は強い。

この「管財人」が大量に任命されたのは、二〇一六年のギュレン教団による「クーデタ未遂」事件(第6章参照)がきっかけだった。多くの企業や学校がギュレン教団の下で運営されていたのだが、これを潰してしまうと従業員や学生・生徒に多大の影響を与えるため、経営陣や教員を入れ替えて運営を継続したのである。政府が接収したことになる。これをクルド政党の市長に対しても適用したのである。

こうしてクルド問題の「解決プロセス」は終わりを告げた。トルコ軍はイラク領内のKCK/PKK拠点への空爆を続行し、その後、数回にわたって大規模にシリア領内に地上部隊を派兵して、クルド武装勢力YPGをトルコ国境から引き離すという軍事作戦を行った。トルコ政府は、これ以後、憲法第三条に規定される国土と国民の「不可分の一体性」には決して妥協せず、可能性のある脅威（あらゆるテロ組織）を断固として排除する姿勢を明確にしていく。

トルコ軍によるシリアへの軍事作戦については、『イスラームからヨーロッパをみる』（岩波新書、第2、3章）に書いたので、ここでは重複を避けて立ち入らない。

「解決プロセス」破綻の教訓

PKKとの和解プロセスが破綻したことで、エルドアン政権の「打開路線」は終焉を迎えた。クルド側の主張によれば、エルドアン政権が豹変《ひょうへん》したとされるが、政権側はこの和解プロセスを成功させることが目標だったのだから、自分から変える理由はない。

こうしてエルドアン政権は、イスラム主義の限界を知ることになった。強すぎるナショナリズムをイスラムのロジックで緩和し、民族間の融和を図るというイスラム主義の実験は、少なくとも二〇年間の政権下では成功しなかった。しかし、それをもってイスラムが現代世界の諸国家体制に挑戦しても無駄だと断言することもできない。西欧近代国家をかたちづくるナショナリズムや世俗主義に挑戦したことによって、トルコは新たな経験知を得たからである。それが、現在の大きな課題に、どう結びついているのかを次章で考えることにしたい。

第8章　直面する課題——いかにして難題を乗り切るか

トルコと国連の主導の下、黒海沿岸のウクライナの港からの穀物輸出再開にウクライナ、ロシアが合意、署名式に臨んだエルドアン大統領と国連グテーレス事務総長(2022年7月22日、大統領府HPより)

トルコという国は、西欧諸国からさまざまな批判を受けてきた。国内にもいくつかの難しい課題を抱えている。それでいて、この国の活力が失われたことはない。クルド問題は一〇〇年たっても未解決であることを述べてきたが、ここでは現エルドアン政権に対して内外から向けられるいくつかの課題を検討することにしたい。

課題①＝欧米諸国からのイスラム嫌悪

最初は、エルドアン政権下のトルコにおけるイスラムの可視化に対する欧米諸国の批判を考えてみる。もともとムスリムが人口の大半を占める国でイスラムを可視化させることが問題視されること自体、おかしな話である。すでに取り上げたように、世俗の国家であるという憲法原則とのあいだで、様々な軋轢《あつれき》を経験してきたことは事実だが、それはトルコの国内問題であって、西欧世界から批判される理由はない。だが、現実には、それが起きるのである。その背景には、西欧において、「9・11」以降の二〇年のあいだに悪化したイスラモフォビア（イスラム嫌悪）がある。そして、イスラム圏のなかで、ヨーロッパ諸国を範としながらも、決して従属しなかったトルコに批判が集中する傾向がある。

アヤソフィアのモスク転用問題とエルドアン政権の戦略

二〇二〇年七月一〇日、最高行政裁判所は、博物館として使われてきたイスタンブールのアヤソフィアをモスクに戻す決定を下した。この決定を受けて、所管する官庁が変更された。博物館を所管する文化・観光省から、モスクを所管する宗務庁に移管され、そのための大統領令にエルドアン大統領が署名した。これに伴い、七月二四日の金曜日には、八六年ぶりとなる金曜礼拝がアヤソフィア・モスクにおいて行われた。

このことが政治的な問題として世界の注目を集めた。エルドアン大統領の政権が政治的なイスラム化を前面に押し出しているとして、欧米諸国が批判を集中させたのである。欧米諸国のメディアで指摘された批判の要点は以下の通りである。

①アヤソフィアはオスマン帝国以前にはビザンツの教会であり、トルコ共和国においては博物館としてキリスト教美術を残していた。にもかかわらず、モスクに「転用」して日常的に礼拝に使うのは、キリスト教世界に対する挑発であり、異なる宗教文明の共存を否定するものである。

②モスクへの「転用」によって、壮麗なモザイクをはじめキリスト教美術の作品群が毀損さ

れる恐れがある。
③ユネスコの世界文化遺産に登録された施設であるのに、宗教施設に「転用」するのは人類共通の文化遺産としての世界遺産の趣旨に反する。
④トルコ共和国の国是である「世俗主義」の憲法原則に反し、トルコがイスラム国家に傾斜するという懸念。

これらの批判には共通点がある。アヤソフィアのモスクへの転用は、最高行政裁判所の判決に基づいていたにもかかわらず、その判決の内容は一切検討されていなかった。

私は、判決文を読んでみたが、行政裁判所が、オスマン帝国とトルコ共和国という全く構造の異なる国の法体系を整合的に解釈しようとした点に注目した。イスラム国家であったオスマン帝国と西欧近代国家に範をとって誕生した現在のトルコ共和国の法体系は全く異なる。国家とイスラムとの関係には、オスマン帝国とトルコ共和国の違いが最も鋭く現れる。しかし、イスラムを公的な領域から排除したのは建国一四年後の一九三七年のことだった。一九二四年の最初の憲法では、トルコは共和国であり国教はイスラムと規定していた。一九二八年の改正で国教の文言が削除され、一九三七年の改正でトルコは「世俗的(laik)」な国家と規定されたのである。

それ以降、トルコにとって世俗主義(ライクリキ、laiklik)は国家イデオロギーの主柱となったが、実は、世俗主義とは何かについて憲法は細かく規定していない。その結果、イスラムが公的領域において可視化されてはならないという点が、建国の父ムスタファ・ケマル・アタテュルクが決めた国家の絶対的な原則として強調されたのである。

アヤソフィアをモスクに戻すことを求めた本件の原告は、「常設ワクフ、歴史遺産および環境奉仕協会」という保守的なイスラム団体である。被告はトルコ共和国首相府（大統領制への移行に伴い現在は存在しない）である。原告の訴えは、一九三四年一一月二四日付、二／一五八九号閣議決定によって、ファーティヒ・スルタン・メフメット・ワクフのワクフ施設の一部とされていたアヤソフィア・ジャーミー（ジャーミーはモスクのこと）がモスクから博物館に転用されたのは違法であり、モスクに戻さなければならないという趣旨であった。

その理由として原告は、この閣議決定にあるムスタファ・ケマル（初代大統領アタテュルク）の署名の真贋《しんがん》に疑義があること、閣議決定によってアヤソフィアが博物館にされると同時にワクフ財源であった商業施設等を破壊したことの不当性、ユネスコによって世界遺産に指定されたことがモスクとしての使用を妨げるものではないことなどを挙げた。

これに対して、判決は、ムスタファ・ケマルの署名についての疑義は退けたが、あとの二点について原告の訴えを認めた。ワクフ財産の転用について、判決はオスマン帝国時代のワクフ法から、現在のトルコ共和国の関係法規を参照したうえで、閣議決定によるワクフ財産の用途変更や接収を無効と判断した。ワクフというのは、イスラムにおいて私有財産を慈善事業のために寄進する制度のことであり、ワクフとして設定される施設には、モスク、墓地、公共の水汲み場、学校、医療施設などイスラム的善行を積むための場が選定される。過去の法令のいずれにおいても、ワクフに指定された施設の用途の変更や接収は認められないと判断されていた。一九二六年にスイス民法典に範をとって制定されたトルコの民法では、それ以前のオスマン帝国時代のワクフ財産については、今後新たな法が制定されるまで帝国時代の法が適用されることになっていた。

この点は、今日のトルコ共和国と過去のオスマン帝国との関係を考えるときに、重要である。一般的には(トルコでも)、トルコ共和国はオスマン帝国とは全く異なる近代国家とみなされる。したがって、すべてが「革命的」に変わったとされるのである。共和国となったこと、そして文字改革から始まって、世俗国家となったことをふくめ、確かに、革命的な変革が行われたことは間違いない。しかし、事はそう簡単ではない。イスラムに関することは、前身の帝国からどのように継承するかを、共和国になってから逐一、改めて法制化しなければならなかったのである。

そのために、一九三五年に法令二八六二号(ワクフ法)が制定された。その第一〇条では、ワクフと設定された施設が、慈善事業としての目的に反し、公共の秩序に反する使用をされた場合を除いて、用途変更が禁じられた。

この規定によって、ワクフに設定された施設が、閣議決定によって用途変更され、モスクから博物館に転用されたことは違法とされた。

判決では、一九三四年の閣議決定の後、三六年一一月一九日付の登記簿でも、アヤソフィアはオスマン帝国の時代にワクフのための慈善事業施設に設定されていることが明らかにされた。つまり、閣議決定で博物館への転用が決定されても、登記上の地位はワクフ財産のままだったのである。博物館への転用は、建国の父アタテュルクの鶴の一声による政治的決定だったことになる。

判決では、もう一点、ユネスコの世界文化遺産に指定されている施設の用途変更も検討されている。トルコは一九八三年にユネスコの世界遺産条約の締約国となり、八五年に「イスタンブールの歴史地区」としてアヤソフィア、トプカプ宮殿、スルタン・アフメット・モスク（通称ブルー・モスク）、スレイマニエ・モスク、旧市街を囲む城壁などが指定を受けている。判決で検討されたのは、条約第六条で「条約第一、二条で定める遺産が領域内に存在する国の主権が尊重され、また、国内法令の定める財産権を侵害することなく、遺産が国際社会の協力によって保護しなければならない人類共通の遺産であることを認識する」という内容である。

この点について判決は、アヤソフィアの管理は、「ワクフ財産法」の規定に従い、イスタンブールの歴史地区として世界文化遺産に登録されているスルタン・アフメット・モスクなどと同じように、モスクとして使用されるとしている。

これらをもとに、アヤソフィアは博物館からモスクに戻されることになった。エルドアン大統領は、最高行政裁判所の判決が言い渡された七月一〇日に、七月二四日の金曜日にアヤソフィアにおいて最初の集団礼拝を行うことを発表した。

一つ疑問が生じるのは、それなら、なぜ今日までアヤソフィアの博物館への転用が違法とされなかったかである。そこには、閣議決定が建国の父ムスタファ・ケマル(アタテュルク)初代大統領の署名のもとに出されたことが大きく影響している。アタテュルクに対する批判は、「アタテュルクに対する犯罪に関する法律」(一九五一年制定)によって現在もなお厳しく規制される。簡単に言えば、アタテュルク批判を禁じる法律である。それほど大きな存在であった建国の父の署名がある文書に異を唱えることが、トルコの司法当局にとって、従来、いかに困難であったかを物語るものと言えるだろう。

各国からの批判

欧米諸国では、各国の政府から懸念や遺憾の意が表明された。ジョセップ・ボレルEU外交・安全保障政策上級代表は、トルコ政府の決定を遺憾としたうえで、アヤソフィアが、歴史的にも普遍的にもシンボルであり、文明間同盟の創設に携わったトルコが宗教間、文化間対話によって寛容を守る責任があると指摘した。

ドイツからは、当時の与党キリスト教民主・社会同盟（CDU／CSU）で連邦議会におけるヨーロッパ政策を担当するフロリアン・ハーンが、モスクへの転用はヨーロッパが共有する価値への挑発であり、トルコがEUから一層離れていったことを示すと指摘したうえで、トルコとのEU加盟交渉を終わらせるべきだと主張している。

アヤソフィアがモスクに転用されてから初めての集団礼拝(2020年7月24日、イスタンブール市HPより)

フランスのル・ドリアン外相は「近代的で世俗的なトルコの象徴的な行為を白紙に戻すものである。アヤソフィアは宗教、建築、歴史からみて一つの至宝であり、宗教の自由、寛容、多様性のシンボルとして、その全体を守らなければならない」との声明を出した。フランス政府のこの発言は、フランスと同様、厳しい世俗主義を国家原則としてきたトルコが再イスラム化することへの批判を込めている。

トルコと対立するギリシャは、サケラロプル大統領が「歴史の記憶に対するひどい侮辱」であると非難したほか、アヤソフィアがかつてビザンツの教会であったことからギリシャ正教会も激しく反発した。アメリカは国務省が「失望」を表明、世界遺産を所管するユネスコもアヤソフィアの世界文化遺産を見直す可能性を示唆し、ローマ教皇フランシスコも婉曲に心を痛めたとしている。

もう少し視野を広げてみると、過去一〇年ほどのあいだに、ヨーロッパ各国のあいだに、キリスト教こそ欧州のアイデンティティの根幹であるとの主張が強まっている。特にシリア難民が殺到した二〇一五年以降、欧州各国のポピュリズム政党が、キリスト教を利用して反トルコ、反イスラムの空気を扇動する傾向が顕著となった。だが、EUはそもそもキリスト教の同盟ではない。他国の宗教施設に干渉すること自体、異常なことだった。それに、同じく世界遺産の京都の寺社群を見れば明らかなように、宗教施設が世界遺産としてふさわしくないという理屈は成り立たないのである。

諸外国からの批判に対しては、チャヴシュオウル外相(当時)が、各国の意見は傾聴するがアヤソフィアの管理は完全にトルコの主権に属することがらであり、外国による一切の干渉を拒否すると反論した。また、ユネスコからの世界遺産見直し発言について、同外相は、そもそもアヤソフィアの使用目的はユネスコと協議するべきことがらでなく、世界遺産としての保全は従来どおりに行うとしている。この点については、キリスト像をはじめ聖像のモザイクなどは、礼拝時にカーテンや調光の加減でムスリムから見えないよう工夫するとしている。多くの観光客を集める世界文化遺産としての価値について言うならば、博物館であった時には高額な入場料を徴収していたが、モスクとなったときには入場料は無料となる。

その後、アヤソフィアは、以前にもまして観光客が殺到する名所となった。同時に、トルコ国内だけでなく世界のムスリムが礼拝のために訪れている。西欧諸国からの批判は、上記のようにイスラム嫌悪に裏打ちされた政治的な面が強かった。他方、エルドアン大統領もまた、アヤソフィアをモスクに戻した後の最初の集団礼拝に自ら参加し、西欧諸国の批判を撥《は》ね返すかのような大がかりなものにした。「イスラム世界に我あり」とアピールする目的を達したのである。（本節は『中東協力センターニュース』二〇二〇年九月号の拙稿「アヤソフィアのモスク転用問題とエルドアン政権の戦略」に加筆・修正したものである。）

課題②＝激しいインフレと市民の防衛策

エルドアンの利上げへの抵抗

二〇二二年、トルコは激しいインフレに見舞われていた。年率で八〇％に達するとされたから、実質的に、物価が一年で二倍近くに上がっていたことになる。二〇二三年に入って、四〇～五〇％程度に低下したが、それでも物価は非常に高い。日本に限らず欧米の経済紙は、必ず、その理由としてエルドアン大統領が「独自のイスラム的主張で、金利は悪だとして、利下げする」という非常識な政策をとったことを挙げる。さらに、中央銀行総裁の人事に介入し、中央銀行の独立性を損なったというのである。

イスラムが利子(リバー)を禁じるのは、商売を公正にするために、不等価交換を禁じることを意味する。金利が高い、低いの問題ではない。現代の金融システムは、そもそもイスラムと整合性がないし、トルコは世俗国家である。その中で生きているトルコのエルドアン大統領は、否応なく、利子と付き合いながら国家の経済を回さなければならない。したがって、彼がイスラム的な意味での利子の禁止など考えていないことは明らかである。エルドアン大統領が利下げにしたのは、倫理的側面とトルコ経済の実態を重視したからである。

利子の倫理的側面

利子の倫理的側面というのは、利子が国民を一層の困窮に追い込むから、それを規制するという意味である。政策金利を上げれば、融資する銀行の貸出金利も上がる。現実の生活に則して言えば、クレジットカードのキャッシングが最も分かりやすい。多くのトルコ人は複数のクレジットカードを持っていて、そのキャッシング・サービスをフルに使っている。つまり、国民のかなりが、カード・ローンを使いながら、自転車操業で生活を維持していたのである。だから、金利を引き上げたら破産する国民が一挙に増える。そうなることがわかっているから、大統領は中央銀行の政策金利の引き上げには応じず、むしろ、引き下げを断行して、ローンの貸し手である銀行に圧力をかけたのである。

世界中のエコノミストは、インフレ時に利下げなど定石に反すると批判したが、エルドアン政権は動じなかった。欧米諸国の常識に従って利上げを主張した中央銀行の総裁を更迭したのもそのためである。

もちろん高すぎるインフレ率の下にあるトルコでは、金利を下げたところでインフレは鎮静化しない。銀行に対して、貸出金利を上げるな、という抑止にはなるものの、物価の高騰は、資源価格やサプライチェーンなど、多くの要因によるからである。西欧的な国家システムからみれば、中央銀行が独立していることが必要だが、エルドアン政権は、その常識よりも、イスラム的倫理としての弱者救済の方をとった。彼は、中央銀行の独立という大義名分よりも、貧困層の破産を防ぐ方に重きを置いたにすぎない。

我々の社会で言えば、カードで借金して破産するのも自己責任ということになるだろうが、資本主義では、弱い立場の人間ほどインフレのダメージを受ける。そのダメージを非常に大きくしているのが金利であることは、我々にもわかる。利子を禁止することができない以上、せめて弱者として救済の対象にするというのが、イスラム的公正のロジックである。実際、エルドアン政権は、利下げだけでなく、一定額以上の銀行ローンの返済猶予や返済免除も実施した。

市民のインフレ防衛

インフレに対抗する市民の知恵は豊富である。トルコ人はインフレになると、途端に資産を外貨と金（ゴールド）に移す。外貨は街中にある両替所で売買できるし、金は、これも街には必ずある貴金属店で、その日のレートで簡単に買える。現金が必要になれば、それを売って現金化する。外貨は、現在では、銀行はもちろん、クレジットカードやデビットカードを使えば、ATMでも引き出すことができる。両替屋も至る所にあるから、それも使える。

ただし、金価格の動向と米ドル、そしてユーロの動向は一致しない。国民は、今、買うべきが、金なのかドルなのかユーロなのか、相場を読みながら、街中の貴金属店や外貨を引き出せるATMのあいだを行き来する。つまり、国民はみな投資家なのである。

トルコの場合、国家が金貨を発行している。貨幣としてではないのだが「共和国金貨」の名前で品質を保証する。不換紙幣に依存しながらも、イスラムの正貨としての金貨を並行して流通させてきたのである。一単位（Tam）がおよそ七・二g、半分（Yarım）が三・六g、四分の一（Çeyrek）が一・八gで、各々、貴金属店でふつうに売買される。大国民議会が品質を保証する法律（一九五一年八月一日付）をもとに、二二金で重量とデザインを厳格に定めた金貨として造幣局で鋳造されている。

国家としてのトルコは、エネルギー資源を輸入に頼っているから、資源価格が高騰すると、決済で外貨を失うことになる。そのうえ、国民も外貨を買ってインフレを防衛しようとするから、一層、中央銀行の外貨準備は減る。政府は、外貨準備が減ってくると、国民に外貨をトルコ・リラに戻すよう要請する。そのときの為替レートより、多少有利にする。家にある金を売って、リラにすることも要請する。

日本を含め、海外の投資家はエルドアン大統領が自国通貨の価値を下げるような愚かなことをしていると非難するが、国民自身がドルを買ってリラを売り、リラで金を買うから、リラのレートが下がるのである。もちろん、二〇二二年のように、ウクライナでの戦争が資源価格をすべて押し上げたときには、外国への支払いで中央銀行の外貨準備は減ってしまうから、サウジアラビアやカタールなどの富裕な国から緊急の支援を受けた。

通貨の価値が下がれば、エネルギー資源や素材など輸入品の価格は高騰するから悪循環である。政府は、その赤字を埋めなければならない。トルコは、それを、自動車から食料品まで、工業製品の輸出だけでなく、外国からの不動産投資やインバウンドの観光のような直接的な外貨収入で補おうとするのである。

トルコ経済の現状

トルコ経済について、少し数字をあげておこう。この国の経済はジェットコースターのように上がり下がりするから、あくまで目安である。

二〇二二年の実質GDP成長率は五・六%だったから、確かに成長している。そして、この年の一人当たりGDPは一万六五五五ドルで、前年が九五九二ドルだったから、一〇〇〇ドルほど上昇している。GDP成長を牽引したのは個人消費だというから、驚くべき消費意欲である。この成長は、とんでもなく物価が上昇しているインフレ下でのことである。ちなみに消費者物価指数の上昇率は年率八四・四%だった(JETRO「ビジネス短信」、二〇二三年三月二日)。

当然、トルコ・リラはドルに対して、急激に下がっていった。二〇一九年には約一八・三円、二〇二〇年には一三・九円、二一年八・七円、二二年には七円(いずれも一二月の終値)、そして二三年七月には五・三円だから、急落を続けている。

こういうことが続いていると、一見、国全体の経済は強気の成長路線だが、リラが下がると外国との取引での支払額が増える。これは、中央銀行の外貨準備を減らしてしまう。二〇二三年の大統領選挙の直前には、政府が大幅な財政出動をしたため、一週間で四四億五〇〇〇万ドルも外貨が減ったと中央銀行が発表した。足りなくなると、アラブの産油国などから融資を受け、国民には預金を外貨からリラ建てにしてほしいと要請してきたが、かなりの綱渡りである。

それでもエルドアン政権が強気なのは、国民がもっている金の量が多いこと、夏の旅行シーズンに外国からの旅行者を呼び込むことで、外貨の現金収入が一気に増加するのをあてにしているからである。

開発投資と不動産開発

後先のことを考えずに行動しているようにも見えるが、トルコの場合、土地資源と観光資源については、まだかなり開発の余地があることが強気を支えている。ボスポラス海峡以外に、黒海からマルマラ海を結ぶもう一つの運河を掘削するプロジェクトなど、その典型と言える。船舶の航行が超過密なボスポラス海峡にバイパスを作ることが主たる目的だが、このカナル・イスタンブールと呼ばれる大運河の両岸地域を開発して、大規模な高級住宅などさまざまな不動産開発を進めようとしている。アラブ産油国だけでなく、ロシアからも、トルコ・リラの下落で割安となったトルコへの不動産投資は活況を呈している。

ここでも、低所得層向けの開発も忘れない。政府は全県を対象に、低所得層向けの公共住宅を大量に供給する政策を打ち出している。特に、二〇二三年二月六日の東南部大震災からの復興のために、被災地では、大規模な公共住宅の建設が進められている。

トルコはロシアに対して制裁を科していない。ロシア人にとっても敵国のＥＵに不動産をもつことはもはや不可能となりつつあるから、手近で安価なトルコは移住先としても適している。トルコは、貿易に頼らずに外貨の直接流入を確保することにかけては長い経験がある。かつては、移民労働者の莫大《ばくだい》な送金で貿易収支の赤字を埋めた。トルコ人移民の高齢化が進み、世代交代するにつれて母国への送金額は減少した。しかし、彼らは親戚の訪問を含めて、年に一定の期間トルコを訪問する。送金自体は減ったが、トルコ系移民は里帰りと観光収入で外貨をもたらす存在である。

ドイツをはじめEU諸国では、トルコでのバカンスが相対的に安く、インフラも急速に整ったため、高い関心を呼んだ。いまでも観光客の上位をドイツからの人たちが占めている。二〇二三年の一月から四月までの外国人観光客の増加をみると、前年比でロシアからが一三四・九四%増で断然トップ、一一五万三三四一人が訪れている。第二位はドイツで一八・七四%増、第三位はブルガリアで一七・四五%の増加であった(文化・観光省調べ)。ウクライナ戦争開始後、ロシア人は観光でもビジネスでもヨーロッパに行くことは、ほぼできなくなったため、トルコへの来訪者が急増した。ブルガリア人は、リラが安いトルコで商品を仕入れに来るのである。

投下する金額ベースでは、アラブ人、ロシア人、中国人などが上位をしめる。イスタンブールの海外高級ブランドショップをみると、このことがよくわかる。通常、リラの下落が激しいときには、政府は嗜好《しこう》品の酒やブランド品の輸入を制限する。非常に高い関税をかけるか、そもそも輸入を認めない。二〇一八年に、突如、リラが下落したときには、イスタンブールのブランドショップから商品が消え、閉鎖に追い込まれた店も多かった。しかし、二〇二三年の五月に調べたときには、ブランドショップは復活し、品揃えは明らかに日本よりも多かった。理由は単純で、アラブ諸国、東南アジア、そしてロシアからの外国人観光客がいくらでも買うからである。確実に売れるなら、輸入を制限する必要はない。

二〇一〇年代後半、トルコはサウジアラビア、UAE、エジプトとの関係が悪化したが、二〇二一年以降、急速に改善した。もともと関係の良かったカタールに加えて、サウジアラビア、UAE、クウェート、バハレーンなど湾岸産油国からの観光客は大歓迎である。欧米諸国での反イスラム感情の高まりを受けて、近場のリゾートとしてトルコの地位は高まった。それに応えるべく、政府は、道路、橋、港湾、空港、鉄道に巨額の投資を続けた。空の玄関となるイスタンブール空港を二〇一八年に新たに開港し、大幅に発着便のキャパシティを増やしている。

今、買わなくて、いつ買う？

それでも、トルコ人の自動車購入意欲は高い。一九九〇年代の高インフレの時代、自動車の所有率はぐんぐん上がった。今でも衰えることはない。コロナ禍とウクライナ戦争で、サプライチェーンが乱れ、一時、自動車の生産台数は減少した。しかし、生産が回復に向かった二〇

「Togg」社製の初の国産 EV
(「あとがき」参照)

二三年でも、店頭に並ぶや否や新車は売れてしまい、在庫がない。インフレのせいで自動車を投機商品として買うディーラーや個人が出てきたためである。メーカーが価格を決めている新車を購入し、しばらく寝かせて中古車の扱いにすれば、価格は市場が決めることになるので、いくらでも値を吊り上げることができる。政府は、新車を買った後、一定期間使用しないと売れない規定をつくって対抗したが、焼け石に水の状態である。

二〇二二年のインフレでは、ウクライナ戦争のために石油や天然ガスなどの資源価格が高騰した。政府が発表している品目別のインフレ率を見ても、エネルギー関係が最も高く、運輸・交通も燃料の高騰に直撃されて高い。それに比べると、医療費や教育費や生鮮食料品は相対的に低く抑えられた。

ストックを持っている業種や企業は、このインフレで莫大な利益を上げていたことに注意しなければならない。衣料品や生活用品でもストックのきく商品は、一年前に製造していれば便乗値上げで大きな利益を得ることができる。政府は便乗値上げを厳しく取り締まるとしているがなかなか難しい。

インフレ下での生活

国民の所得は厳しい。都市部での貧富の格差は大きく、貧困層が拡大している。所得の高い西部地域と低い東部地域の格差、高い沿岸部と低い内陸部という地域間格差の構造も変わっていない。

年収で一〇〇万円程度がボリュームゾーンだとすると、生活必需品の負担はかなり重い。二〇二三年に家計調査と合わせて実施されたアンケートでは、一週間以上の旅行の支出ができないと答えた人は六〇・八％、暖房費が不足と答えた人は二〇・五％、不意の支出に対応できないと答えた人は三三・四％となっている。

インフレは、富裕層以外の若い世代、特に学生を直撃する。大学進学のために、地方から大都市に移る学生にとって、住居問題は相当深刻である。二〇二二年、不動産市場が活況であったから、住宅の確保は難しく、賃料は跳ね上がった。そのため、イスタンブール、イズミールそしてアンカラで、学生が単独でアパートを借りることは極端に難しくなった。民間の学寮は、相対的に安いが、それでも四人部屋で一人あたり日本円換算で月々二万五〇〇〇円が最低ラインで、五万、六万円台も珍しくなかった。

地方の若者たちは、大学進学の機会に大都市、なかでもイスタンブールやイズミールに出ようとする。保守的な社会から自由になりたい人たちには、特にその傾向が強い。ビジネスチャンスを摑《つか》みたい若者も同じである。日本との物価の比較で、場合によると日本以上に高いのが、イスタンブールのような大都市の住居費用である。

電気代やガソリン代は、トルコの場合、インフレがひどくなる前から高い。資源価格の高騰でさらに上昇しているから、これも生活を困難にしている。一時的に政策で低価格に抑えても、いつか反動がくる。

政府の低所得層向け政策

これだけのインフレでも、社会不安を招いていないのは、市民自身の賢明なインフレ対抗策が効いていること、政府が不十分とはいえ、庶民の困難を理解しているからだろう。この状況では、政府が直接給付をするか、借金の返済を猶予しないと政権の維持は難しかった。

二〇二二年九月には政府が二五万戸の低所得層向け集合住宅を供給すると発表した。二寝室＋一リビングの価格が約五〇〇万円、月々の返済額は約一万八〇〇〇円である。一二年ローンで、返済額はインフレによって変動しない。

この価格で、日本風に言うと新築のマンションが持てることへの期待は大きい。二〇二三年の大統領選と総選挙に向けて、エルドアン政権は、何らかの方法で外貨を獲得したうえで、大規模な財政出動を続ける必要があったのである。選挙のあった五月には、一か月のあいだガス代を無償にするという大胆な政策に踏み切った。

九〇年代の教訓

激しいインフレの末に外貨が底をついたのが、九〇年代末のトルコだった。九九年には、イスタンブールとその周辺に甚大な被害を与えたマルマラ大震災が起きて、トルコ経済にとどめを刺した。

当時の政権は、直ちにＩＭＦからの緊急融資を受けた。その後に成立したエルドアン政権にとって、最初の一〇年は、ＩＭＦからの借金の返済が最大の課題となった。二〇一三年に債務を完済した後、エルドアンは二度とＩＭＦの融資は受けないと繰り返し発言してきた。経済・財政政策の自由を奪われたことへの反発はいまだに非常に強い。

しかし、エルドアン政権が財政を建て直すことができたのは、ＩＭＦによる緊縮財政を受け入れたからである。同時に、二〇〇五年にデノミネーションを実施し、それまでの一〇〇万リラを一リラにした。この仕切り直しで、いきなりリラの価値が上がったうえに、財政規律も厳しくしたから、インフレは収まった。だが、奇妙なことに、大方のトルコ人にとっては、年率一〇％程度のインフレでも、デフレに感じるようになってしまったのである。商工業者は経済が凍ってしまったと嘆いていた。日本人が本物のデフレに慣れてしまったのとは逆で、トルコ人の場合、インフレが常態化した年月の方がはるかに長いから、沈静化すると不況に感じるのである。デノミが実施された当時、一リラは一〇〇円近かったのだから、二〇二三年の六月までに一五分の一以下まで下がったことになる。もちろん、減価とは反対に、再びインフレは進んできた。

この国の経済を考えるときに、日本や欧米諸国の基準や規範で考えると理解できないことは多い。これまでもそうだったが、高インフレでもホームレスの人を見かけることは少なく、暴動も起きないのである。何も資産を持たない人たちの生活は非常に厳しいが、彼らに対してはイスラム的な喜捨のシステムが働く。何らかの資産を持っている人たちは、それを回しながらインフレの波を乗り切ろうとするのである。

トルコ経済の今後

ここまでは何とか耐えてきたインフレを抑え込むために新政権が何をするのかが、二〇二三年五月の大統領選挙、総選挙では最大の課題となった。新たに大統領となったエルドアンは、徐々に金融の安定化を図ることになるだろう。

最初の閣僚任命では、財務大臣にメフメット・シムシェッキを任命した。彼は、エルドアン政権で二〇〇九年から一五年まで同じポストにあったから、デノミ後の経済を成長に導いた当事者である。欧米の銀行での勤務経験をもつ彼は、就任後、「理性的」な政策を実現すると発言している。副大統領に任命されたジェヴデット・ユルマズも、エルドアン政権で財政と開発を担当していた専門家である。さらに、中央銀行総裁には、最年少四一歳のハフィゼ・ガイエ・エルカンを起用した。トルコの名門ボスポラス大学を卒業した後、アメリカのプリンストン大学で博士号を取り、ゴールドマン・サックスなどの金融機関で幹部として働いた経歴をもつ女性である。金融、財政そして経済を再建するには申し分のない布陣だが、これを書いている二〇二三年六月の時点では、まだ、今後の予想をするには早すぎる。

課題③＝ウクライナ戦争とトルコの役割

ウクライナ戦争におけるトルコの役割――黒海と海峡をめぐる国際条約

二〇二二年二月二四日、ロシアがウクライナに侵攻した。この問題は日本でも連日報道されてきたが、そこには隣接するトルコの視点が欠けていた。

トルコは、この戦争において、決定的な重要性をもっていた。地図2、3をご覧いただきたい。トルコは、黒海をはさんで、ロシア、ウクライナの両国と向き合っている。それだけでなく、両国を含めて、黒海の沿岸国の船舶は、トルコの主権下にあるボスポラス、ダーダネルスという二つの海峡を通らないと外に出られないのである。

ウクライナ戦争での黒海と両海峡をめぐるトルコの役割のなかで、最も重要なのは、ウクライナからの小麦を始めとする穀物の輸出ルートを確保したことである。ロシア産の穀物や肥料の輸出ルートも同様に確保した。二〇二二年七月二二日、トルコと国連が主導して、ウクライナ、ロシア、トルコの四者の合意によって、黒海からの穀物輸出ルートは確保された。ウクライナ産小麦に依存する中東やアフリカの国々が飢餓に直面する事態を回避した貢献は大きい。トルコでこの交渉を担当したのは、国防省であった。戦時における両海峡の通航に関する規定は、トルコの安全保障に関わる問題であり、国防省の管轄だからである。

ロシアもウクライナも、ともに黒海に面した国である。とくに、ウクライナは黒海を通らないと外海に出ることができない。ロシアにとっても、北極海側が冬季に利用できないことを考えると、外への出口となる港があるのは、サンクトペテルブルグから西のヨーロッパに抜けるルート、ウラジオストクから日本海に抜けるルート、そして黒海から二つの海峡を通って地中海に抜けるルートしかない。

侵略戦争が始まって以来、トルコの立場が一貫していることも、トルコ国内を除くと報道されることはなかった。その立場は、第一に、ウクライナの領土の一体性は不可侵であり、第二に、ロシアの「特殊軍事作戦」は「侵略」だというものである。この立場に従って、国連総会に提案されたロシア非難決議には、いずれも賛成票を投じている。中東でも、アラブ諸国やイランが決議案に反対、棄権、あるいはそもそも決議に参加しないという態度をとったのとは異なる。トルコの外交姿勢はウクライナ戦争に関して、決して、中立ではない。

さらに、トルコは重要な決定を行うことになった。黒海沿岸国が交戦国となったため、ボスポラス、ダーダネルス両海峡の通航は、モントルー(両)海峡条約(一九三六)によって規制されると宣言したのである。そのうえで、①ウクライナ・ロシア両国との外交関係は維持する、②両国との通商関係も維持する、③対ロシア経済制裁には参加しないことを明らかにした。

トルコは、ウクライナに対して攻撃用ドローンを売却したが、NATO加盟国による武器「供与」とは異なり、通常の商取引として行った。同時に、ロシアからの原油、天然ガス、農産物輸入は継続している。ロシアに経済制裁をかけないため、ロシアからの観光客を迎え、不動産投資も許している。同時に、エルドアン大統領は、プーチン大統領とゼレンスキー大統領の双方と連絡を取り続け、停戦に向けて仲介の姿勢を堅持している。

モントルー海峡条約

モントルー(両)海峡条約とは、英語では Convention Regarding the Regime of the Straits とい

い、国際連盟のもとで、第一次世界大戦の戦勝国、黒海沿岸国、そしてトルコのあいだに締結された条約である。ボスポラス、ダーダネルス両海峡の船舶の通航条件を定め、航空機の飛行条件も含んでいる。トルコは、この条約で、第一次世界大戦の敗北で奪われた両海峡の主権を回復し、武装が認められた。

締約国は、ソ連、ブルガリア、ルーマニア、トルコ、ユーゴスラヴィア、英国、フランス、ギリシャ、オーストラリア、日本である。日本はすでに国際連盟を脱退していたが、この条約以前、一九二三年にトルコの独立を認めたローザンヌ条約の当時に、国際連盟の常任理事国として、二つの海峡の通航を管理する海峡委員会に所属していた。*

（*日本は、一九五二年にサンフランシスコ平和条約が発効した時に全ての権利を放棄した。）

この条約は、軍艦の通航について詳細な条件を規定している。第一に、戦時、トルコが交戦国でない場合、交戦国の軍艦は原則として両海峡の通航が禁止される。ただし、交戦国の軍艦が黒海の沿岸を母港としている場合は通航は可能である。戦争が始まってから間もなく、四月にロシアの巡洋艦「モスクワ」が黒海で沈没したが、この条約の規定により、代替艦を外から黒海に持ち込むことはできなかった。第二に、トルコが交戦国となった場合、両海峡の通航は完全にトルコの主権下で規制される。トルコの主権下にあって、戦時以外は自由な通航が認められる両海峡だが、戦時にはトルコの主権が強化されるのである。

両海峡の主権を回復するまでの長い道のり

オスマン帝国の時代、ロシアとは何度も戦争になったが、第一次露土戦争(一七六八～七四)でロシアに敗れて締結されたキュチュク・カイナルジャ条約(一七七四)は、黒海と両海峡の利権が注目されるきっかけとなった。この条約でオスマン帝国はクリミアの支配権を失い、ロシア商船の両海峡通過を認めさせられたのである。黒海と両海峡は、ロシアの南下政策にとって必要不可欠な地域であった。その後、何度もロシアと戦うことになったが、多くは黒海沿岸、ウクライナ、ルーマニア、ブルガリア、モルドヴァ、ギリシャなどの領有をめぐって争われた。

一八世紀後半までクリミア・ハン国はオスマン帝国に服属(一四七八～一七七四)しており、この地域の文化や政情はオスマン帝国時代に近い存在である。クリミア・タタールはトルコ語系の民族で、今でもトルコに親近感がある。今回の戦争でもウクライナ側はそれを強調して、トルコとの友好関係を訴えている。日本では、ロシアvs.ウクライナ+ヨーロッパ諸国+アメリカという図式でものごとを見ているが、黒海地域から見れば、ロシアともウクライナとも深い関係にあるトルコが、どちらかの側につくというのは合理的選択ではないのである。

第一次大戦でオスマン帝国は崩壊、ロシアも帝政が崩壊した。一九二〇年のセーヴル条約では、アナトリア内部のオスマン帝国領の分割だけでなく、ボスポラス、ダーダネルス両海峡の主権も剥奪され、海峡委員会の管理下に置かれた。トルコ共和国の独立が承認されたローザンヌ条約(一九二三)では、海峡の主権はトルコに戻されたものの、海峡委員会は残り、海峡周辺の武装は禁じられた。そして、建国から一〇年以上を経て、トルコの異議申し立てにより、前述のモントルー(両)海峡条約(一九三六)が結ばれ、海峡に対する武装や戦時通航権の管理を含めて、ようやくトルコの完全な主権下に置かれることになったのである。

このような歴史的経緯があり、そこには絶えず、ロシア、イギリス、フランスなどの大国が干渉してきたからこそ、今回のウクライナ戦争で、トルコは両海峡の通航について、厳格に条約を適用すると主張した。

トルコとロシアとの関係

トルコとロシアとの経済関係は深い。トルコの天然ガス輸入先の一位はロシア、二位はアゼルバイジャンである。二〇一九年の海外からの観光客も一位はロシアで七一七万人、二位はドイツで五二七万人、三位イギリスで二五六万人となっている。小麦の輸入先(二〇二〇)でも一位はロシア、二位がウクライナである。小麦はトルコでも主要な作物だが、二〇一九年でトルコの小麦生産量が一九万トンに対し、輸入は九・八万トンに達している。石油(原油)については、イラン、ロシア、カザフスタンなどに分かれており、輸入量も変化している。

日本でも欧米諸国でも、ウクライナ戦争に関してトルコがアメリカ主導の対ロ制裁に参加しないため、「ロシア寄り」と言われることが多い。戦争以前からの両国の関係を知らないと、このような短絡的な見方に陥る。だが、もともと商取引と政治の話を分けるのは、この地域で何世紀にもわたって積み重ねられた知恵である。イスラム世界では、まず商売があって、その先で相手が「敵」だということになったら戦えばよいのである。トルコはもちろんこの発想をとるが、ロシアもまた、長年、この地域で商売をしているのだから、当然、そのやり方にならっただけのことである。

錯綜する対米・対ロ関係

ソ連成立後、トルコは友好不可侵条約(一九二五〜四五)を結んだが、第二次大戦後、トルコは一九五二年にNATOに加盟し、西側の一員となった。ソ連に隣接する自由主義圏の国となったことで、マーシャル・プランの供与を受けて農業をはじめ産業を発展させた。

しかし、一九七〇年代には、キプロス問題で米欧とのあいだに亀裂が入る。一九七四年の「キプロス平和作戦(国際社会からはキプロス侵攻とされる)」の直前、アメリカもイギリスもギリシャ系極右武装組織EOKAによる北キプロスのトルコ系住民襲撃に対応しなかったことから、対米不信が強まった。このころから、冷戦下のソ連とは不即不離の関係を続けることになる。

その後、湾岸戦争(一九九一)、イラク戦争(二〇〇三)という米国の軍事介入で米国との関係は冷却していく。いずれもイラクを相手に起こした戦争だが、イラク北部に多いクルド人をアメリカが支援したことで、クルドの分離独立への動きが加速されることに強い懸念を抱いたのである。そして、シリア内戦(二〇一一〜)が始まると、トルコは、スンニー派住民への無差別攻撃にでたアサド政権への批判を強めた。シリアからトルコに逃れる難民は急増し、一時、四〇〇万人を超える事態となった。

二〇一五年になると、アサド政権を支援してきたロシアが直接軍事行動に出たため、ロシアとの関係は悪化し、領空を侵犯したとして、ロシア軍戦闘機を撃墜した。そして、シリア内戦にアメリカが介入したことで、問題は一挙に複雑化した。これは、二〇一四年にイラクで台頭し、あっという間にシリアの東北部を支配した「イスラム国」を掃討する軍事作戦がきっかけである。

オバマ政権は、シリアで「イスラム国」と戦うクルド組織＝政治組織は民主統一党(PYD)、軍事組織は人民防衛隊(YPG)を利用することにした。これらの組織はPKK(クルディスタン労働者党)の兄弟組織である。これにより、トルコと米欧の関係はこれまでになく悪化した。

このアメリカの動きに不信を募らせたトルコは、エルドアン大統領がプーチン大統領にロシア軍機撃墜を謝罪して、ロシアとの関係を修復させた。

その後、トルコがロシアからミサイル防衛システムS－400を導入したことで、アメリカとの関係は悪化した。トルコがNATOの結束を乱したと言われる最大の原因である。しかし、これは順序が違う。アメリカがシリア国内のクルド武装組織を支援することになって、トルコ領内に配備していたアメリカ製のパトリオット・ミサイルを撤去したのが先だった。これで防空網を裸にされたトルコは、ロシア製、中国製、仏伊共同製などのミサイルを検討した結果、ロシア製に決めたのである。そのため、アメリカの最新鋭戦闘機F－35の開発からトルコの技術者が排除され、売却計画も白紙に戻された。トルコは、主力戦闘機のF－16の更新を求めたが、バイデン政権と議会は、言を左右にして、なかなか更新に応じようとしなかった。

トルコは、クルド勢力による支配地域が国境線を挟んでつながらないようにするため軍事作戦を繰り返した。トルコとの国境地帯のシリア側を緩衝地帯としてクルド勢力を遠ざけようというのである。この地域にトルコ軍を進駐させるには、シリアのアサド政権を支持するロシアとの協力を強化せざるを得なかった。ロシア軍とトルコ軍による共同パトロールによって、クルド武装勢力の活動を制限しようとしたのである。しかし、北シリアを完全には掌握できず、さらにロシア軍がウクライナ侵攻に主力を移して以降、トルコの戦略は一層困難となっている。

一方、二〇一九年、トランプ政権のアメリカは、北シリアから兵力を引き揚げることを決めた。だが、アメリカ国内では、クルド人を見捨てたという批判が、民主、共和両党から出て、バイデン政権に代わると、再び、クルド武装勢力への資金、武器、戦闘員教育による支援を続けている。そのアメリカもウクライナ戦争でトルコが重要性を増してきたことで、今度はトルコの立場に配慮せざるをえなくなってきた。だが、トルコ政府の立場は明確で、クルド武装勢力がトルコ領土の「不可分の一体性」を脅かす限り、アメリカともEUともロシアとも一切の妥協はしない。

トルコはアサド政権にクルド武装勢力の国境からの引き離しに応じるよう要求しているが、アサド政権は、シリア領内にいるトルコ軍の撤退を要求している。アサド政権と何らかの合意に達するには、ロシア、イランというアサド政権支援国との合意が欠かせない。二〇一九年一〇月には、ロシアとトルコのあいだで、シリア民主軍(SDF:クルド勢力であることを表面に出さないようアメリカの指示で名称を変えたが、主力はクルドの武装組織)を一定の領域から排除する合意に達した。しかし、この合意もアメリカがクルド勢力支援を再開したことで実現していない。

同盟関係に依存しないトルコ

トルコは過去のソ連と今のロシアに何を見てきたのだろう。ソ連時代のホロドモール(一九三〇年代初頭)で、大飢饉と絶滅政策によりウクライナで数百万人が死亡する惨劇があったことをトルコはもちろん知っている。スターリンによる「大粛清」(一九三七〜三九)で数百万人にのぼるとも言われる犠牲者が出たことも、もちろん知っている。これらの残虐行為を隣国として注視してきたのがトルコなのである。隣国の歴史から得た教訓は、この大国と戦争を始めると収拾がつかないということに尽きる。そのため、互いに利益のある取引に限って付き合うのである。

トルコ側の国際協調に対する見方

国際関係でどの国と協調すべきか	
EU と協調すべき	33.1%（18〜24 歳：44.4%）
単独で行動すべき	24.6%（18〜24 歳：15.9%）
世界と協調すべき	21.1%（18〜24 歳：13.4%）
中国と協調すべき	6.8%
ロシアと協調すべき	5.6%（2021 年は 14.7%）
アメリカと協調すべき	4.7%
ウクライナ戦争に対するトルコ人の見方	
トルコは和平に向けて仲介すべき	43.7%
戦争から距離を置くべき	40.1%
ウクライナと連帯すべき	8.5%
ロシアと連帯すべき	4.4%

（2022 年、ジャーマン・マーシャル財団調べ）

現在のトルコ国民の国際社会への見方は、上のアンケート調査結果によく表れている。アメリカへの信頼感はなく、ロシアへの信頼感もない。それに対して、一向に加盟交渉も域内ビザなし渡航交渉も進んでいないのだが、ＥＵに対する信頼度は高い。過去二〇年、トルコは製造業やソフト産業など、あらゆる分野でＥＵ基準に到達するための努力を続けてきた。その結果が、加盟できる、できないにかかわらず、ＥＵのもつスタンダードへの信頼となって表れている。そして、ウクライナ戦争に対しては、どちらかの味方をすべきだという意見は少ない。安全なところにいるアメリカが対ロ制裁を主張してもトルコが同調しないのは、エルドアン大統領の「思惑」ではなく、国民の意思なのである。

フィンランド、スウェーデンのNATO加盟問題

ロシアによるウクライナ侵攻が開始された後、北欧のフィンランドとスウェーデンは、従来の中立政策を改め、NATO（北大西洋条約機構）への加盟を申請した。NATOへの新規加盟には、全加盟国の同意が必要である。NATOは軍事同盟であり、加盟国の一つが侵略されたり、安全保障上の脅威を受けた場合には共同で戦う義務を負う以上、当然の条件と言える。

だが、両国の加盟申請に対してトルコが異を唱えた。トルコは、基本的に新規加盟国を拒否しない。そのため、両国の加盟申請に対しても拒否しないという姿勢だが、両国に安全保障上の条件を付けたのである。両国の国内にいるPKKおよびPYD／YPG（シリアにおけるPKKの兄弟組織）などの活動を規制し、資金援助を禁止すること、二〇一六年七月一五日の「クーデタ未遂」事件に関与したギュレン教団のメンバーなど、指名手配されている人物のトルコへの引き渡しを求めたのである。

これに対し、フィンランド、スウェーデン両国は、トルコの安全保障上の懸念を理解し改善を約束した。そしてフィンランドについてはテロ組織のプロパガンダ活動に対する規制強化な

ど改善がなされたとして、二〇二三年三月、トルコ大国民議会が加盟を承認した。しかし、スウェーデンの加盟についてはテロ組織に対する厳しい対応を求め続けた。

スウェーデンへのクルド移民・難民

スウェーデンには、一九七〇年代以降、多くのクルド人とトルコ人が移民している。最初に移住したクルド人は、東南部のクルド人が多い地域の出身ではなく、内陸アナトリアのコンヤ県にあるクルという郡の出身者で、彼らは労働移民だった。後に、東南部のクルド人の間にも、八〇年代から九〇年代にかけて、PKKと治安部隊の衝突で疲弊していくなかで、スウェーデンに逃れる人が増えた。当時、大変貧しい地域だった東南アナトリアの人たちにとって、彼らを難民と認定し、住居、生活費、教育、職業訓練まで与えたスウェーデンは、文字どおり夢の新天地だった。

しかし、そこにPKKの活動家たちが入り込んだ。スウェーデンは一九八〇年代後半には、PKKを非合法組織としていたのだが、言論や集会の自由を高度に保障する国であるから、市民運動の集会を取り締まることは難しい。そのため、スウェーデンはPKKにとって、プロパガンダや資金集めに関するヨーロッパの拠点の一つとなった。他に、ドイツ、オランダ、デンマークなど、トルコ出身の移民・難民がいる国には、PKKの兵站拠点が置かれた。その資金源は主に麻薬取引、人身取引、そして密輸とされている。彼らは、同胞の密航を手配した。クルド人たちは、就労目的であっても、手厚い保護を受けられる難民の地位を求める。PKKの活動家たちは、その支援と引き換えに同調者を増やす戦略をとったのである。二〇〇〇年代以降、EUはトルコを安全な国と認め、難民認定は厳しくなったが、反トルコ・キャンペーンを継続することで、スウェーデン国内の同調者を確保しようとしている。

九〇年代までに難民認定された人はスウェーデン国籍を取得し、スウェーデンの地方議会や国会にも進出している。トルコ政府が、テロ組織やテロリストを匿《かくま》うなと抗議しても、すでに国籍を取得している人物を他国に引き渡すことはない。市民運動の範囲で、PKKやYPGを支持する行動を規制できるかという点についても、現状では難しい。

そこにウクライナ戦争とNATO加盟の話が持ち上がった。トルコにとって、テロ対策上、スウェーデンの協力を得る千載一遇のチャンスになったことは間違いない。争点が、トルコにとって安全保障上の最大の脅威であるPKKの取り締まりである以上、トルコがNATOの結束のためならやむを得ないと妥協することはない。

ウクライナ侵攻の衝撃があまりに大きかったために、米欧日の政治家もメディアも、トルコが承認するのは当たり前だという論調に傾斜した。だが、PKKやYPGがトルコの安全保障上の重大な脅威であったにもかかわらず、これまで、NATOは加盟国の脅威に対して共に戦うことはなかった。アメリカに対するアルカイダというテロ組織の攻撃にはNATOが結束してアフガニスタンに侵攻したことを考えれば、トルコへの対処はアンフェアだというのがトルコ政府の一貫した姿勢である。

二〇二三年七月一〇日、NATOは首脳会議に先立って、ストルテンベルグ事務総長、エルドアン大統領、そしてスウェーデンのクリステション首相の三者会談を行い、結果を発表した。要点は以下の通りである。

①スウェーデンが憲法を改正し、関連法規を整備してPKKに対するテロ対策を強化し、トルコへの兵器売却を再開。

②トルコ・スウェーデンは二国間の安全保障協約を結び、スウェーデンはそれによるテロ対策として、シリアで活動するクルド武装組織のYPGおよび自治領域を主張する政治組織のPYD、およびギュレン教団（FETÖ）に対する支援は行わない。

③スウェーデンのNATO加盟後も長期にわたってNATOは断固としてあらゆる形態のテロを非難し、NATO事務総長のもとに、テロ対策特別コーディネーターを新設してテロ対策分野をステップアップさせる。

④以上の条件下で、トルコはスウェーデンの加盟申請を大国民議会に諮り、承認のために議会と緊密に作業を進める。

これを見る限り、トルコはスウェーデンから大幅な譲歩を引き出すことに成功した。PKKだけでなく、従来、スウェーデンもNATOもテロ組織と認定していなかったYPG、PYDというシリアで活動するクルド組織、さらにはギュレン教団もテロ組織として扱うことになっている。この声明がNATOの名前で出されたことの意味は大きい。もちろん、加盟には、これらの約束の履行が必要であることは言うまでもない。

そして、これとは全く別に、イスラムの聖典コーランを毀損する行為がスウェーデンで繰り返されたことも、トルコ国民の強い反発を招いた。NATO加盟を最終的に決めるのはトルコの国会である。イスラムへの侮辱を表現の自由として認めるスウェーデンに議会がどういう結論を出すのか、予断を許さない。

終　章　建国一〇〇年の大統領

2023年2月にトルコ東南部で起きた大地震の被災地で、駆けつけた援助団体と共に助け合って救助活動を行う市民たち(2023年2月6日、NTVより)

二〇二三年大統領選挙・大国民議会議員選挙

二〇二三年は、トルコ共和国建国から一〇〇年目にあたる。そして、一七年に議院内閣制を廃止し大統領制に移行してから二度目の大統領選挙、同時に、大国民議会議員選挙も行われた。

エルドアン大統領は、トルコ民族主義の民族主義者行動党とジュムフール(人民)同盟を組んだ。そして大統領制移行後の大統領として再選をかけて選挙に臨むことになった。一方、野党第一党の共和人民党、第二党の「良い党」、イスラム主義政党の幸福党、エルドアン政権で首相を務めたダウトオウルの未来党、同じくエルドアン政権で副首相や外相を務めたアリ・ババジャンの民主進歩党、それに過去の中道右派の流れをくむ民主党の六党が、ミッレト(国民)同盟をつくった。

投票前、トルコ国内の世論調査会社も欧米諸国のメディアも日本のメディアも、ほぼすべてが野党六党の統一候補であり、共和人民党党首のケマル・クルチダルオウルの勝利を予想していた。二〇年におよぶエルドアン長期政権への批判は確かに強まっていたが、大方のメディアは、イスタンブールのような大都市の中間層の意見に偏っていて、地方農村部の人びとの声を反映していなかった。

決選投票でエルドアン再選

五月一四日に行われた第一回投票では、現職のレジェップ・タイイプ・エルドアンが四九・五二％、ケマル・クルチダルオウルが四四・八八％で、当選者は出なかった。他に政党をもたない候補者のシナン・オアンが五・一七％を得ている。一回の投票で決まるには、五〇％以上の得票が必要である。

一方、議会選挙の方は、与党のジュムフール同盟（公正・発展党、民族主義者行動党、新たに福祉党）が三二三議席を獲得して、多数を維持した。野党のミッレト同盟（共和人民党、良い党、幸福党、未来党、民主進歩党、民主党）が二一二議席、クルド政党を中心とする労働・自由同盟が六五議席を獲得した。

五月二八日に行われた決選投票の結果、五二・一八％の得票でエルドアンの再選が決まった。クルチダルオウル候補は四七・八二％に終わった。

今回の選挙は、二〇年におよぶエルドアン政権への信任投票であった。なかでも、二月の大地震の被災地の多くで、エルドアンと与党が勝利したことは象徴的だった。エルドアン政権の勝利により、権限を拡大した大統領制は継続することになった。野党側は大統領制が一人の政治家への権力集中を招くとして、強力な議院内閣制に戻すことを主張したのだが、第一回投票での国会議員選挙で野党が過半数をとれなかったため、憲法改正を必要とする議院内閣制への変更は不可能となった。

二〇二三年の選挙の投票率は国会議員選挙(五月一四日)が八七%、大統領選の決戦投票では八四%だった。選挙の不正もなく、高い投票率はトルコにおける民主主義の成熟を示すものだった。そして多数が、大統領が強い権限を持つ現行の大統領制を選択したのである。

強権化批判の推移

エルドアン政権が強権化しているという批判は二〇一三年に起きたゲジ公園の抗議運動のころから目立ってきた。それ以前、二〇〇七年の議会によるアブドゥッラー・ギュル大統領選出の際にも、市民の抗議運動(共和国集会)は起きた。だが、このときは、ギュルがイスラム主義者であり、彼は共和国の国家元首としてふさわしくないというイスラム主義vs.世俗主義の対立が争点であった。

二〇一三年のゲジ公園の抗議運動というのは、イスタンブールの中心タクシム広場に隣接するゲジ公園の樹木の伐採と再開発に対する抗議として始まった。あっという間に全国に広がり、政権の強権化に対する抗議の様相を帯びた。

当時、エルドアンはまだ首相であり、議院内閣制をとっていた。ただし、ギュル大統領選出に際しての野党側の抵抗、公正・発展党に対する閉鎖訴訟を経て、大統領の直接選挙、議院内閣制を廃止して強力な大統領制への移行がすでに与党の目標となっていた。

市民の抗議運動は、このような流れを阻止する目的を持っていた。しかし、警察の強硬な鎮圧のなかで犠牲者を出す一方、公共の建物や自動車への損害、観光業への経済的損失も重なって、運動は数か月で鎮静化した。実際に現場を見たが、左派を中心に、さまざまな政治イデオロギーに基づく集団が、各々その主張を述べ合っていた。その演説は、空疎で紋切り型の政権批判にとどまっているように私には思えた。その当時、野党第一党の共和人民党は、市民の抗議運動をあらゆる社会・経済階層に拡大させる戦略と求心力を持っていなかった。

私は、このゲジ公園の抗議運動が社会変革の原動力になれなかったことと、二〇二三年の選挙での野党の敗北には、共通の問題があったと見ている。それは、トルコにおいて、いまだに厚い層をなしている貧困層の人びと、貧困を脱してなんとか上昇しようとしている人びと、都市との格差のなかでチャンスを摑もうとしている地方の若者たち――こういう人びとが希望を持てるような変革を訴えなかったことである。

内外からのエルドアン政権批判

建国一〇〇年にあたる二〇二三年の選挙は野党連合の敗北であった。国民は、僅差とはいえ、エルドアン政権の実績と将来性を評価したのである。各政党は選挙協力のために連合を組んだのだが、野党側最大のミッレト同盟は思想も政策も異なる政党の寄せ集めだった。もう一つの労働・自由同盟は、クルド政党と左派政党によるもので、確実に議席を得て第三の極を維持した。大統領選では、労働・自由同盟は、ミッレト同盟の統一候補、共和人民党党首のケマル・クルチダルオウルを推すことを決めていた。

トルコ国内での事前の世論調査は、多くがクルチダルオウルの優勢を伝えていた。欧米諸国や日本でも、現職エルドアン大統領の敗北を期待する報道が大勢を占めた。それは大統領個人に対する批判であり、国内でも「一人の男＝tek adam」による支配への批判と表現されていた。

一方、欧米諸国によるエルドアン批判は、もう少し多様である。

第一に、ウクライナ戦争で政権がアメリカによる対ロシア制裁に応じないことへの批判がある。

第二に、スウェーデンのNATO加盟を拒否したことがある。

第三に、シリア情勢に関連して、トルコが北部のクルド勢力（民主統一党PYDとその軍事組織である人民防衛隊YPG）を排除しようとしていることに対するアメリカの苛立ちがある。

選挙戦の後半、アメリカのCNNがエルドアンとのインタビューを放送した。そのなかで、インタビュアーが「あなたは、バイデン大統領が自分を落とそうとしていると批判しているが、本気でそのようなことを言っているのか？」と問うた。エルドアンは「バイデンは、自身の大統領選の前に、テレビでそう言ったではないか」と答えた。インタビュアーは知らなかったようだが、バイデンは、『ニューヨーク・タイムズ』の記者との懇談会で、「我々は、トルコの野党を支持する。手を尽くして、クーデタではなく、選挙でエルドアンを落としてやる」と発言していた（『ニューヨーク・タイムズ』二〇二〇年一月一七日）。バイデン政権の反エルドアン感情は、かなり根の深いものがあるが、トルコ側は、アメリカが選挙に干渉して中東に新しい「秩序」を創ろうとしているとして不信感を募らせている。

第四に、エルドアン大統領と公正・発展党政権のイスラム主義志向を嫌うフランスなどEU諸国の反発である。

このような外からの批判は、トルコ国内でのトルコ民族主義、国家主義を増強させるので、欧米諸国が明確に反エルドアンの姿勢をとったことは逆効果であった。実際、在外投票の結果、有権者の多数を占めるヨーロッパでの選挙結果は六〇％近くがエルドアンを選んだ。

野党六党のミッレト同盟はなぜ敗北したか

野党候補敗北の原因は、野党連合そのものにあったと言わざるを得ない。そもそも、野党六党は、クルチダルオウルを候補にするまで、散々、揉めた。この混乱が、野党第一党の共和人民党の政策と方向性を見えにくくした。共和人民党は、建国の父ムスタファ・ケマル・アタテュルクの政党であり、国家主義、トルコ民族主義、世俗主義の源流となってきた。いわばアタテュルクという建国の父の理想と理念を継承する正統性を誇ってきたのである。

共和人民党と連合を組んだ第二党は、メラル・アクシェネルの「良い党」である。この党は極右の民族主義者行動党から党首が離脱してつくったもので、演説の巧みな彼女のカリスマ性を頼りにするものの、トルコ民族主義以外に政策的特徴がない。アクシェネル党首は、クルチダルオウルでは勝てないとして、共和人民党のイスタンブール大都市圏市長エクレム・イマムオウルを推そうとして、一度は、連合からの離脱を仄《ほの》めかした。さらに、幸福党という旧態依然のイスラム主義政党が連合に加わった。

あとの二つの政党、未来党はエルドアン政権で首相、外相を務めたイスラム主義者アフメット・ダウトオウルの党、民主進歩党は、同じくエルドアン政権で副首相、外相などを務めたテクノクラートのアリ・ババジャンの党である。ふたりとも、エルドアンと不仲になって党を離脱し自ら政党を立ち上げたが、単独で議席を獲得できるだけの支持基盤はなかった。そこで共和人民党の候補者名簿に「間借り」することで議席を得ようとしたのである。かつて世俗主義をめぐって対立してきた政党との連合は従来の支持層から野合とみなされた。

そこに、クルド民族主義とマイノリティの権利拡大を掲げる諸人民の民主党が大統領選でのクルチダルオウル候補支持を表明した。この政党は、クルド武装組織のＰＫＫと歩調をそろえており、人的交流もあることから、テロ組織の政治部門とみなされてきた。この党と手を組んだことで、共和人民党の支持者は、さらに失望した。

ところが、決選投票を前に、クルチダルオウルは排外主義を唱えるユミット・オズダー率いる勝利党という極右政党とも手を組んでしまった。

選挙戦終盤でのクルチダルオウルの発言は、それまでの議院内閣制の復活による民主化、分断を修復するインクルーシブな政治の主張から一転して、排外主義、反クルド政党に舵を切った。難民排斥は共和人民党の一貫した主張だったが、親米欧への外交の転換やＰＫＫとの対話の拒否など、一気に、国家主義ポピュリスト色を強調する方向に傾斜したのは異様であった。

「シリア人は、出ていくのだ。決断しろ！」

この文言がクルチダルオウルの選挙ポスターに書かれていたのを見て、私は唖然《あぜん》とした。それまで反エルドアンで民主化の旗手と持ち上げてきたヨーロッパ諸国のメディアも、クルチダルオウルの姿勢に戸惑いを見せるようになった。外国のメディアには、彼を「トルコのガンジー」と持ち上げたメディアさえあったが、実態を反映しない報道であった。

決選投票で、クルチダルオウルは四七・八二％を獲得した。得票率だけをみると互角に戦ったように見える。だが、彼の票というのは、エルドアン大統領を替えたいという一点だけを共有した国民の意思表示であって、クルチダルオウルへの支持票ではなかった。

二〇二三年大統領選挙の意味

今回の選挙は、トルコの将来にとってどのような意味をもつのだろう。選挙直後の時点で言えることは、クルド政党以外の野党の弱体化である。

トルコの政治において、民族主義や国家主義が強いのは昔からである。左派を自称してきた共和人民党も、トルコ民族主義、トルコ国家主義の政党であって、西欧世界や日本で言うところの左派とは異なる。彼らは、冷戦後、イスラム主義勢力を「右派」として、自分たちを「左派」と自称してきた。その意味では、与野党ともに、ナショナリズムを打ち出し、それに抵抗するのはクルド民族主義の政党だけになってしまった。この状況は次の時代に、排外主義を軸としたポピュリズムとナショナリズムの融合した政治勢力を生み出すかもしれない。

二〇二三年六月三日、エルドアン大統領の就任式典が行われた。そこでのスピーチは、イスラム的な寛容の精神に立ち戻り、異なる考えの持ち主も包摂する政治を主張し、敵対から和解への転換を呼びかけるものだった。次の五年間、国家を運営するにあたっての所信であり、外国からの要人の前でのスピーチだから当然のように聞こえるが、ここにはエルドアン大統領の描くトルコ国家の基本的性格がよく表れている。新たなスタートを切る時には、従来からの友好に謝意を表し、政敵を攻撃しない。まずは胸襟を開いて見せ、相手の出方で対処方針を決めていく。敵対するのであれば戦い、同意するのであれば和解する。それは、大国との同盟関係に依存しないトルコの姿勢を表すものであった。

七月二五日、大統領は軍政下の一九八二年に制定された現在の憲法を全面的に変える新憲法の制定に強い意欲を示した。トルコという国家の自画像、その輪郭を新たに描こうという決意の表明である。

あとがき

二〇二三年五月の大統領選挙では、日本でも、報道はエルドアン政権への批判で溢れたが、そのほとんどは、欧米での反エルドアンの論調の焼き直しだった。日本のメディアには、ウクライナ戦争に関連して「NATO加盟国として責任を果たせ」と、アメリカになり代わってトルコに説教する論調も目立った。投票率が八五％に達したトルコに説教するよりも、まず日本人の選挙への無関心をなんとかすることの方が、よほど重要ではないだろうか。

本書を貫くモチーフは、西欧世界から向けられる蔑視や嫌悪とトルコが自ら行ってきた改革との関係であった。私は、トルコという国が、西欧文明とイスラム文明の交差する位置にあって、整合することのない二つの文明の規範を一〇〇年かけて整理していったことに注目してきた。建国一〇〇年の今年、それは、大統領選の結果のなかに一つの答えとなって表れた。

エルドアン政権の最初の一〇年は、教条的な世俗主義を採る司法と軍部による政治介入との闘いだった。外から見て、イスラム主義を支持する、支持しないを言うのは自由だが、国の政治を決めるのは国民の意思である。今のトルコにはその意思を表明する自由がある。この問題が落ち着く前に、今度は、隣国シリアが凄惨な内戦に陥り夥《おびただ》しい数の難民がトルコに逃れた。

さらに、二〇一六年にはカルト教団が「クーデタ」未遂事件を起こし、あろうことか国民に向かって国軍の砲弾を浴びせた。それから七年、軍や司法の内部に教団が深く食い込んでいたことが明るみに出るにつれ、国民も政府も、市民社会の顔を持つカルト集団を阻止することの難しさを痛感している。二三年五月の選挙では、次々に内外で発生する異常な事態に対抗できる「力」を政権に託した。これもトルコ国民の意思である。

一方で、トルコ経済は過去二〇年に大きく発展した。イスタンブール空港は世界のハブとなり、トルコ航空はいまや世界の翼となった。二〇二三年、トルコは初の国産車の生産にこぎつけた。しかもEVである。二一世紀になってから部品も技術も純国産で自動車生産に乗り出す国など、他にはない。原動力となっているのが、国民の発展への意欲と豊かな若年人口である。

選挙の結果を見て、この国の将来に絶望して国外に出るという若者もいる。かつて一九六〇年代に、貧困から脱出するために、多くのトルコ人がドイツを目指したのと同じように、それも一つの生き方である。そして、国内でこの国の未来のために尽くそうとする若者もいる。彼らにとって、誇れる祖国であり続けられるかどうか、再選されたエルドアン大統領は、欧米諸国からの批判よりも、野党からの批判よりも、そこに目を向けて次の建国二〇〇年に向けた第一歩を踏み出すことになるのである。

トルコも二〇二〇年から三年ちかくのあいだコロナ禍に見舞われた。パンデミックとなって間もなく、エルドアン大統領が国民に向けて行った演説の一節を紹介したい。

「預言者は『もしあなた方が或る土地にペストがはやっていることを聞いたならば、そこへ入るな。また、あなた方が居る土地にペストが起ったときはそこから出るな』と言った。政府に課せられた使命は、あらゆる措置を講じたうえで、アッラー(神)にゆだねることだ」(二〇二〇年三月一八日、ハディースからの引用は、牧野信也訳『ハディース　イスラーム伝承集成』中巻、中央公論社、一九九四年、八八一ページによる)

トルコでもコロナ禍で一〇万人以上が犠牲になった。初期には、日本や欧米諸国と同じように「ステイ・ホーム」ということが言われた。ただ一つ違っているのは「ステイ・ホーム」が、預言者ムハンマドの言葉のなかにあった点である。このハディースではペストとなっているが、感染症という点では新型コロナのパンデミックも同じである。大統領に限らず、イスラム指導者は、皆、このハディースを信徒に示して、とるべき対応を説いた。そして、ワクチンを輸入して接種を呼びかけた。

このような難局にあって、大統領はハディースを引用したが、過去の時代のように、罪に問われることはなかった。「最後はアッラーにゆだねよう」という言葉も多くの国民に響いた。政府も医療従事者も献身的な活動を続けたのだが、それでも多くの犠牲者はでる。そんな時に、その責任を他人に負わせようとせず、最後は神にゆだねる。最初から神任せで人が努力しないのでは無責任でしかないが、トルコはその逆を行った。政府は国民の先頭に立って働いた。選挙の数か月前に発生した大地震で多くの犠牲者を出した地域に対する救援と復興でも政府の動きは迅速だった。それらが選挙での信任につながっている。

これが、トルコ国民の強さ、言い換えれば、困難に対するレジリエンスの源である。世俗主義の国家原則を維持し、その枠組の中でイスラムの信仰もまた維持する。数々の難題に直面してきた経験が、新たな自画像を描こうという原動力に変換されていることを私は感じた。それが、トルコ共和国の次の一世紀に向けて、どう展開されていくのか、あとしばらく、この国の自画像に注目していきたいと思う。

岩波書店新書編集部の清宮美稚子氏は、本書の構想から出版まで、阿吽《あうん》の呼吸で仕事を進めてくださった。末尾ながら記して感謝申し上げたい。

二〇二三年七月

内藤正典

関連年表

1890	トルコの軍艦エルトゥールル号、和歌山県串本沖で遭難。村人の救助活動
1914	第一次世界大戦勃発
1916.5.16	サイクス・ピコ協定。オスマン帝国分割を約したイギリス・フランス・ロシア間の秘密協定
1917	ロシア革命勃発
1920.4	サン・レモ会議。オスマン帝国の敗戦処理を議論
1920.4.23	ムスタファ・ケマル率いるアンカラ政府がトルコ大国民議会を招集。5月、内閣誕生
1920.8.10	連合国とイスタンブール政府との間でセーヴル条約
1921.8	トルコ国民軍、サカリヤ川の戦いでギリシャ軍を破る
1922.9.9	トルコ国民軍、イズミールを奪回
1922.10.11	ムダニヤ休戦協定
1922.11.1	アンカラ政府、スルタン制廃止
1922.11.20	ローザンヌ講和会議(〜23.7)
1923.7.24	連合国とアンカラ政府の間でローザンヌ条約。トルコ共和国建国が認められる
1923.10.29	トルコ共和国独立宣言
1924.3	カリフを廃位し、カリフ制廃止
1924.4.20	トルコ共和国憲法制定。イスラムは「国教」
1925.2	東部地域でシェイフ・サイトの叛乱
1925.9	政府、東部クルド人地域の「トルコ人化政策」を決定
1928	憲法からイスラム「国教」を削除、文字改革
1934	国政選挙での女性参政権。苗字法によりムスタファ・ケマル大統領にアタテュルクの名が議会から与えられる
1936	モントルー(両)海峡条約締結。ボスポラス、ダーダネルス両海峡がトルコの完全な主権下に
1937	デルシムの叛乱。憲法で「世俗の国」を宣言
1938	建国の父アタテュルク死去
1952	トルコ、NATOに加盟

関連年表

1959.7.31	トルコ、EECに加盟申請
1960.5.27	軍事クーデタ。メンデレス首相、軍事法廷で死刑判決、翌年処刑
1963	トルコとEEC、アンカラ議定書を結び、加盟協議再開
1971	軍による政治干渉(書簡によるクーデタ)
1974	トルコ、キプロスに出兵、島の北半分占領。北キプロスと南のキプロス共和国の南北分断のまま現在に至る
1980.9.12	軍事クーデタ。EEC、トルコとの加盟交渉停止
1982	軍事政権下で現憲法の骨格となる憲法制定
1983	クーデタ後の民政移管でオザルが首相に就任
1984	PKKの武装闘争が激化
1987.4.13	トルコ、ECへの加盟申請
1989	ベルリンの壁崩壊。EC、トルコの加盟申請を一蹴
1991	湾岸戦争(イラクからクルド難民殺到)
1993.11.1	EU設立
1993.7	シヴァスでアレヴィー派作家・詩人の会合をイスラム主義の暴徒が襲撃、35人が犠牲に
1994	統一地方選でイスラム主義の福祉党躍進、エルドアンがイスタンブール市長に当選
1995	トルコ、EUの関税同盟合意(1996.1参加)
1995.12.24	総選挙の結果、福祉党が第1党に
1996.6.28	福祉党と中道右派の正道党との連立政権発足。首相はエルバカン
1997	アメリカ政府、PKKをテロ組織に指定
1997.2.28	軍部による「密室のクーデタ」
1997.6.30	エルバカン首相辞任、連立政権崩壊
1997.12.17	美徳党(福祉党の後継)結党
1998.1.16	憲法裁判所、福祉党の閉鎖を決定
1998.4.22	エルドアン、前年にシイルトで行った演説での「イスラム賛美」を理由に有罪判決
1999.2.15	PKK首領オジャラン、ナイロビで拘束
1999.3.26	エルドアン、刑務所に収監、7.24釈放

1999.5.28	民主左派党、極右の民族主義行動者党、中道右派の祖国党の3党で連立政権。首相はエジェヴィト
1999.6.29	オジャランに死刑判決。その後、執行延期
1999.8.17	マルマラ大震災。建国以来最大の震災で、1万8000人以上が死亡
1999.12.11	EUヘルシンキ会議でトルコを「正式加盟交渉の候補国」とすると決定
2001.6.22	憲法裁判所、美徳党の閉鎖決定
2001.7.20	幸福党(美徳党の後継政党)結党
2001.8.14	エルドアンら、幸福党に移籍せず公正・発展党を結党。党首はエルドアン
2001.9.11	アメリカ同時多発テロ
2002.11.3	総選挙で公正・発展党が大勝利し政権樹立。ギュルが首相に
2002.12.12	EU首脳会議、2004年12月の首脳会議でトルコがコペンハーゲン基準を達成と判断した場合、正式加盟交渉を開始すると発表
2003.3.9	エルドアン、補選で当選。3.14、首相に
2003	イラク戦争。その結果2006年、北クルドにクルディスタン地域政府発足
2004.4.24	キプロスで国連提案の住民投票。ギリシャ系が否決
2004.5.1	EU東方拡大。キプロス共和国含む10カ国の加盟決定
2004.5	死刑制度廃止
2004.10	EU、トルコのコペンハーゲン基準の達成を認め、加盟交渉開始を進言
2004.12.17	EU首脳会議でトルコの正式加盟交渉を2005年10月3日に開始すると決定
2005	デノミネーション実施。100万リラが1リラに
2006.12.14–15	EU首脳会議でトルコの加盟交渉を中断
2007.4.27	トルコ大統領選、共和人民党がボイコット。ギュルが3分の2の得票を得られず
2007.5.31	大統領直接選挙制への移行を盛り込む憲法改正案可決。10月21日の国民投票で承認。翌2008年2月成立
2007.8.20	トルコ大統領選でやり直し選挙の末、28日にギュルが大統領に選出。共和人民党はまたもボイコット

関連年表

2008.7.30	公正・発展党閉鎖裁判判決。有罪だが閉鎖には至らず
2010	国家転覆の陰謀計画「エルゲネコン」が暴かれ、軍内部の国粋主義者や世俗派知識人などが一斉に逮捕される
2010.3.30	公正・発展党、軍や司法の影響力を制限する憲法改正案を提出。9月12日国民投票で承認
2011	シリア内戦、トルコ側に膨大な数の難民流出
2012	PKKと政府との和解交渉本格化
2013.3.21	オジャラン、PKKの武装解除と武装組織のトルコ領からの撤退を求める書簡発表
2014	イラクで「イスラム国(IS)」誕生
2014.8.10	初の直接選挙による大統領選、エルドアンが勝利
2015	100万人を超えるシリア難民、トルコを経てヨーロッパへ。ヨーロッパ難民危機
2015	エルドアン政権のクルド問題「解決プロセス」が破綻
2016.7.15	ギュレン教団によるとされる「クーデタ」未遂事件
2017.4.16	憲法改正国民投票。議院内閣制を廃止し大統領制に移行、大統領に強力な権限を付与
2018.6.24	エルドアン、大統領に再選
2020.7.10	イスタンブールのアヤソフィアをモスクに戻す決定
2022.2.24	ロシアによるウクライナ侵攻
2022.7.22	トルコと国連の主導で、黒海のウクライナの港からの穀物輸出再開でロシアとウクライナが合意
2023.2.6	トルコ東南部からシリアにかけての地域で大震災
2023.5.28	大統領選の決選投票でエルドアンが3選
2023.10.29	トルコ共和国建国100年

内藤正典

1956年生まれ。79年東京大学教養学部教養学科(科学史・科学哲学分科)卒業。82年同大学院理学系研究科地理学専門課程中退、博士(社会学・一橋大学)。一橋大学大学院社会学研究科教授を経て、同志社大学大学院グローバル・スタディーズ研究科教授、一橋大学名誉教授。専門分野は現代イスラム地域研究。『アッラーのヨーロッパ——移民とイスラム復興』(東京大学出版会)、『ヨーロッパとイスラーム——共生は可能か』『イスラームからヨーロッパをみる——社会の深層で何が起きているのか』(以上、岩波新書)、『プロパガンダ戦争——分断される世界とメディア』(集英社新書)、『分断を乗り越えるためのイスラム入門』(幻冬舎新書)など著書多数。

トルコ 建国一〇〇年の自画像　　岩波新書(新赤版)1986

2023年8月18日　第1刷発行

著　者　内藤正典《ないとうまさのり》

発行者　坂本政謙

発行所　株式会社 岩波書店
〒101-8002 東京都千代田区一ツ橋2-5-5
案内 03-5210-4000　営業部 03-5210-4111
https://www.iwanami.co.jp/

新書編集部 03-5210-4054
https://www.iwanami.co.jp/sin/

印刷・理想社　カバー・半七印刷　製本・中永製本

ISBN 978-4-00-431986-3　　Printed in Japan

岩波新書新赤版一〇〇〇点に際して

ひとつの時代が終わったと言われて久しい。だが、その先にいかなる時代を展望するのか、私たちはその輪郭すら描きえていない。二〇世紀から持ち越した課題の多くは、未だ解決の緒を見つけることのできないままであり、二一世紀が新たに招きよせた問題も少なくない。グローバル資本主義の浸透、憎悪の連鎖、暴力の応酬——世界は混沌として深い不安の只中にある。

現代社会においては変化が常態となり、速さと新しさに絶対的な価値が与えられた。消費社会の深化と情報技術の革命は、種々の境界を無くし、人々の生活やコミュニケーションの様式を根底から変容させてきた。ライフスタイルは多様化し、一面では個人の生き方をそれぞれが選びとる時代が始まっている。同時に、新たな格差が生まれ、様々な次元での亀裂や分断が深まっている。社会や歴史に対する意識が揺らぎ、普遍的な理念に対する根本的な懐疑や、現実を変えることへの無力感がひそかに根を張りつつある。そして生きることに誰もが困難を覚える時代が到来している。

しかし、日常生活のそれぞれの場で、自由と民主主義を獲得し実践することを通じて、私たち自身がそうした閉塞を乗り超え、希望の時代の幕開けを告げてゆくことは不可能ではあるまい。そのために、いま求められていること——それは、個と個の間で開かれた対話を積み重ねながら、人間らしく生きることの条件について一人ひとりが粘り強く思考することではないか。その営みの糧となるものが、教養に外ならないと私たちは考える。歴史とは何か、よく生きるとはいかなることか、世界そして人間はどこへ向かうべきなのか——こうした根源的な問いとの格闘が、文化と知の厚みを作り出し、個人と社会を支える基盤としての教養となった。まさにそのような教養への道案内こそ、岩波新書が創刊以来、追求してきたことである。

岩波新書は、日中戦争下の一九三八年一一月に赤版として創刊された。創刊の辞は、道義の精神に則らない日本の行動を憂慮し、批判的精神と良心的行動の欠如を戒めつつ、現代人の現代的教養を刊行の目的とする、と謳っている。以後、青版、黄版、新赤版と装いを改めながら、合計二五〇〇点余りを世に問うてきた。そして、いままた新赤版が一〇〇〇点を迎えたのを機に、人間の理性と良心への信頼を再確認し、それに裏打ちされた文化を培っていく決意を込めて、新しい装丁のもとに再出発したいと思う。一冊一冊から吹き出す新風が一人でも多くの読者の許に届くこと、そして希望ある時代への想像力を豊かにかき立てることを切に願う。

（二〇〇六年四月）